# 초보 골퍼 첫 라운드

## 초보 골퍼 첫 라운드

초판 1쇄 발행 2012년 10월 10일
초판 2쇄 발행 2016년  2월 15일

지은이 이용훈
그린이 이용훈
펴낸이 양동현
펴낸곳 골프아카데미
         출판등록 제307-2012-7호
         주소 136-034, 서울 성북구 동소문로13가길 27
         전화 02) 927-2345  팩스 02) 927-3199

ISBN  978-89-98209-00-1 / 13690

ⓒ 이용훈, 2012

* 이 책은 신저작권법에 의해 보호받는 저작물입니다.
* 잘못 만들어진 책은 구입한 곳에서 바꾸어 드립니다.

www.iacademybook.com

# 초보 골퍼 첫 라운드

이용훈 글·그림

골프아카데미

머리말

# 초보 골퍼에게
# 당당한 첫 라운드를!

초보 골퍼가 처음으로 필드에 나가는 '첫 라운드('머리 올리기'라는 표현을 쓰기도 합니다)'는 초보 골퍼에게는 말로 표현할 수 없을 만큼 설레는 일입니다. 필드에 처음 설 때의 긴장과 설렘은 평생 기억에 남습니다.
그런데 정작 첫 라운드 당일은 어떻게 지나갔는지 모를 정도로 정신없이 지나가 매 순간 당황한 것밖에 기억나지 않는다고 하지요.
초보 골퍼의 설레는 첫 라운드의 기억을 간직하기 위해서는 첫 라운드 역시 미리 연습해야 합니다. 그래야 라운드 당일 그린에서 당당하게 자신의 실력을 발휘해 아름다운 추억으로 남길 수 있을 것입니다.

이 책은 초보 골퍼들이 당황하지 않고 첫 라운드를 즐길 수 있게 구성하였습니다. 첫 라운드를 위한 준비·필드 전략·에티켓·골프 룰·스윙 등을 알기 쉬운 설명과 재미있는 그림을 넣어 초보 골퍼들의 이해를 도왔습니다.
모든 일이 첫 단추를 잘 끼워야 결과가 좋듯이 골프도 마찬가지입니다. 첫 라운드를 멋지게 마치면 골프에 대한 자신감과 즐거움이 배가됩니다. 그래서 라운드에 대한 준비 레슨이 필요한 것입니다.
어렵게 익힌 스윙 지식과 기술을 필드에서 멋지게 펼치기를 모든 골퍼들이 소망합니다. 이 책은 연습장에서 힘써 익힌 스윙 기술을 필드에서 제대로 발휘할 수 있도록 라운드의 기본에서부터 최신 골프 룰까지 알기 쉽게 정리했습니다.

초보 골퍼들이 이 책을 읽고 자신에게 맞는 라운드 준비를 터득해 필드에서 경쾌한 샷을 맘껏 날려 멋진 첫 라운드를 하시기 바랍니다. 그리하여 첫 라운드의 설렘과 소중한 기억을 오래도록 간직하시기 바랍니다.

2012년 가을
이용훈

| 4 | 머리말 |
|---|---|
| | 초보 골퍼에게 당당한 첫 라운드를! |

| 66 | 09 코스의 보호 |
|---|---|
| 68 | 10 첫 라운드 전에 꼭 알아야 할 골프 용어 |

# 1. 초보 골퍼 첫 라운드 준비하기

## 01 전날 하는 라운드 준비
| 14 | 01 코스에 나가려면 어느 정도 연습해야 할까? |
|---|---|
| 18 | 02 골프장 예약 방법 |
| 22 | 03 라운드 전날 준비할 사항 |
| 29 | 04 출발 전에 할 일 |

## 02 코스에서의 라운드 준비
| 32 | 01 코스에서의 하루 스케줄 |
|---|---|
| 42 | 02 연습장에서의 워밍업 |
| 45 | 03 스타트 홀에서의 매너 |
| 48 | 04 스코어카드 작성법 |
| 51 | 05 골프장의 구성 |
| 56 | 06 타수 부르는 명칭 |

## 03 첫 라운드 전에 꼭 알아야 할 에티켓
| 58 | 01 복장은 깃 달린 티셔츠에 긴 바지 |
|---|---|
| 59 | 02 클럽은 14개 이내로 |
| 60 | 03 볼은 넉넉하게 준비하고 볼에 표시해 둬야 |
| 61 | 04 최소한 라운드 1시간 전에는 도착해야 |
| 62 | 05 코스에서의 예의 1 – 안전의 확인 |
| 63 | 06 코스에서의 예의 2 – 다른 플레이어에 대한 배려 |
| 64 | 07 코스에서의 예의 3 – 부당한 지연 금지 |
| 65 | 08 코스의 선행권 |

# 2. 티잉 그라운드

## 01 티잉 그라운드에서의 에티켓
| 84 | 01 티 샷 순서 정하기 |
|---|---|
| 85 | 02 티잉 그라운드의 종류와 티잉 구역 |
| 86 | 03 티업 방법 |
| 87 | 04 티잉 그라운드에서의 매너 |

## 02 티잉 그라운드에서의 전략과 스윙
| 90 | 01 정확한 어드레스 순서 지키기 |
|---|---|
| 94 | 02 드라이버 샷은 어퍼 블로 스윙을 한다 |
| 98 | 03 드라이버 샷의 전략 |

## 03 티잉 그라운드에서의 골프 룰
| 104 | 01 티 샷을 헛스윙한 경우 |
|---|---|
| 105 | 02 다시 치는 볼은 맨 나중에 |
| 106 | 03 어드레스 중에 볼을 티업에서 떨어뜨린 경우 |
| 107 | 04 티잉 그라운드의 정규 구역 |
| 108 | 05 티잉 구역 밖에서 티 샷하는 경우 |
| 109 | 06 티잉 구역 밖에서 티 샷을 했는데 OB가 난 경우 |
| 110 | 07 티 샷을 한 볼이 티 마커 근처에서 멈춘 경우 |
| 111 | 08 티 샷을 한 볼이 OB가 난 경우 |
| 112 | 09 분실구일 때는 OB처럼 |
| 113 | 10 티잉 그라운드에서 2타째가 OB가 났을 때 |
| 114 | 11 제자리로 돌아와서 다시 쳐야 할 경우 |

# CONTENTS

| 115 | 12 잠정구가 인플레이 볼이 되는 경우 |
| 116 | 13 원래의 볼이 OB가 나지 않았을 때 |
| 117 | 14 잠정구를 동반 경기자에게 알리지 않은 경우 |
| 118 | 15 타순이 틀렸다면 사과하고 벌타는 없어 |
| 119 | 16 티 샷한 볼이 '언플레이어블'인 경우 |
| 120 | 17 티 샷한 볼에 동반 경기자가 맞은 경우 |
| 121 | 18 티 샷한 볼에 본인이 맞은 경우 |

## 3 스루 더 그린에서의 플레이

### 01 스루 더 그린에서의 에티켓

| 126 | 01 타순·분실구·오구·루스 임페디먼트 등 |
| 129 | 02 OB 경계의 기준 |
| 130 | 03 '볼!'이라고 외치기 |
| 131 | 04 디보트의 뒤처리 |
| 132 | 05 벙커에서의 에티켓 |
| 133 | 06 드롭은 어깨 높이에서 |
| 134 | 07 B 그린에서의 볼 처리 방법 |

### 02 스루 더 그린에서의 전략과 스윙

| 136 | 01 페어웨이 우드 샷의 전략과 스윙 |
| 141 | 02 미들 아이언 샷의 전략과 스윙 |
| 146 | 03 숏 아이언 샷의 전략과 스윙 |
| 150 | 04 어프로치 샷의 종류와 스윙 |
| 154 | 05 벙커 샷의 종류와 스윙 |

## 4 스루 더 그린에서의 골프 룰

### 01 볼 찾기

| 162 | 01 식별할 수 없을 정도로 흙 묻은 볼 |
| 163 | 02 러프에 들어간 볼을 찾으려고 긴 풀을 만진 경우 |
| 164 | 03 러프에 빠진 볼을 확인하려고 마크 없이 돌려놓은 경우 |
| 165 | 04 러프에 빠진 볼을 실수로 건드린 경우 |
| 166 | 05 수지리 안에서 볼을 찾다가 자기 볼을 움직인 경우 |

### 02 정지된 볼과 움직이는 볼

| 168 | 01 어드레스 중 헤드가 볼에 닿아 흔들린 경우 |
| 169 | 02 스탠스를 한 상태에서 볼이 그냥 움직인 경우 |
| 170 | 03 어드레스 후에 볼이 디보트로 들어간 경우 |
| 171 | 04 어드레스 중에 볼이 OB 구역으로 들어간 경우 |
| 172 | 05 백 스윙 시 움직인 볼을 그대로 친 경우 |
| 173 | 06 볼 주변의 나뭇가지를 치우다가 볼을 움직인 경우 |
| 174 | 07 스윙 연습 중 클럽에 볼이 맞은 경우 |
| 175 | 08 공용의 캐디가 분실구라고 착각해서 볼을 집어 올린 경우 |
| 176 | 09 동반 경기자의 볼을 집어 올린 경우 |

| | |
|---|---|
| 177 | 10 골프 카트를 운전하다가 자신의 볼을 움직인 경우 |
| 178 | 11 스트로크한 볼에 동반 경기자가 맞은 경우 |
| 179 | 12 스트로크한 볼에 본인이 맞은 경우 |
| 180 | 13 페어웨이에 떨어진 볼을 개가 물어 간 경우 |

### 03  라이·나무·오구

| | |
|---|---|
| 182 | 01 볼 뒤의 긴 풀을 밟아서 누른 경우 |
| 183 | 02 백 스윙 중에 클럽이 나뭇가지를 꺾은 경우 |
| 184 | 03 볼이 나무 위로 올라가 칠 수 없는 경우 |
| 185 | 04 나무를 흔들어서 볼을 떨어뜨린 경우 |
| 186 | 05 나무 위의 볼이 내 볼인지 확인할 수 없는 경우 |
| 187 | 06 클럽 헤드가 나무뿌리에 걸리면서 튕겨진 볼을 친 경우 |
| 188 | 07 동반 경기자의 볼을 스트로크한 경우 |

### 04  드롭과 플레이스

| | |
|---|---|
| 190 | 01 바르게 드롭하는 것은 기본 매너 |
| 192 | 02 드롭한 볼이 튀어서 다리에 맞은 경우 |
| 193 | 03 재드롭한 볼이 멀리 굴러간 경우 |
| 194 | 04 재드롭한 볼이 워터 해저드로 들어간 경우 |
| 195 | 05 플레이스란 무엇인가? |
| 196 | 06 리플레이스란 무엇인가? |

### 05  장애물·언플레이어블·수리지

| | |
|---|---|
| 198 | 01 나무판자 옆에 볼이 떨어진 경우 |
| 199 | 02 버팀목 옆에 볼이 있는 경우 |
| 200 | 03 장애물로부터 구제받는 지점 찾기 |
| 201 | 04 포장도로에 볼이 떨어진 경우 |
| 202 | 05 포장도로에 떨어진 볼의 구제 방법 |
| 203 | 06 OB 말뚝을 뽑고 치는 경우 |
| 204 | 07 나무뿌리에 볼이 끼어 플레이가 불가능한 경우 |
| 205 | 08 언플레이어블 볼 선언 시 세 가지 구제 방법 |
| 207 | 09 캐주얼 워터에 볼이 있는 경우 |
| 208 | 10 풀 더미 앞에 볼이 떨어진 경우 |
| 209 | 11 수리지에 있는 볼을 그대로 친 경우 |
| 210 | 12 수리지에서 드롭하려고 집어 올린 볼을 다시 원위치한 경우 |

### 06  분실구·오소

| | |
|---|---|
| 212 | 01 5분 지나서 찾은 볼로 플레이한 경우 |
| 213 | 02 분실구나 OB가 된 볼 |
| 214 | 03 5분 이내에 찾은 볼로 플레이한 경우 |
| 215 | 04 분실구가 홀인이 된 경우 |
| 216 | 05 볼을 찾지 못해 근처에서 드롭한 경우 |
| 217 | 06 오소 플레이는 골프의 2대 원칙 위반 |
| 218 | 07 OB 지역에서 스탠스를 취한 경우 |

### 07  볼의 교체·어드바이스 등

| | |
|---|---|
| 220 | 01 볼에 큰 상처가 생겨서 바꿀 경우 |
| 221 | 02 전방의 나무부터 벙커까지의 거리를 묻는 경우 |
| 222 | 03 동반 경기자에게 칩샷의 시범을 보여 주는 경우 |
| 223 | 04 볼이 같은 거리에 있을 때의 타순 |
| 224 | 05 동반 경기자의 볼이 너무 가까이 있을 때 |

### 08  워터 해저드

| | |
|---|---|
| 226 | 01 연못에 빠진 볼을 확인하려고 집어 올린 경우 |
| 227 | 02 워터 해저드 내의 볼을 그대로 치는 경우 |
| 228 | 03 워터 해저드의 황색 말뚝을 뽑고 친 경우 |
| 229 | 04 볼이 워터 해저드에 들어간 경우 |
| 230 | 05 볼이 래터럴 워터 해저드에 들어간 경우 |
| 231 | 06 워터 해저드의 황색 말뚝 경계선 밖의 물 |
| 232 | 07 마른 연못의 나뭇가지를 제거한 경우 |

### 09  벙커 해저드

| | |
|---|---|
| 234 | 01 벙커 안 풀이 난 지점에 볼이 떨어진 경우 |

| | |
|---|---|
| 235 | 02 벙커 안 신문지 위에 볼이 있는 경우 |
| 236 | 03 볼을 찾으려고 벙커 안의 낙엽들을 치운 경우 |
| 237 | 04 벙커 안의 낙엽들을 치운 경우 |
| 238 | 05 벙커 안에서 제거할 수 있는 것과 없는 것 |
| 239 | 06 벙커에서 볼을 확인하기 위해 집어 올린 경우 |
| 240 | 07 벙커에서 스탠스 중에 볼이 움직인 경우 |
| 241 | 08 벙커에서 연습 스윙 시 클럽이 벙커 벽에 닿은 경우 |
| 242 | 09 동반 경기자의 벙커 샷으로 내 볼이 모래에 덮인 경우 |
| 243 | 10 벙커 레이크를 치울 때 벙커로 떨어진 볼 |
| 244 | 11 벙커 샷을 치고 바닥을 고른 후에 볼이 다시 벙커로 굴러 온 경우 |
| 245 | 12 캐주얼 워터로 침수된 벙커에서의 볼 처리 |

| | |
|---|---|
| 269 | 06 퍼팅 그린의 볼을 집어 올린 후 마크한 경우 |
| 270 | 07 마크용 동전이 떨어져 볼을 움직인 경우 |
| 271 | 08 스트로크 플레이에서 기브를 한 경우 |
| 272 | 09 볼 마크에서 벗어난 곳에 플레이스한 경우 |
| 273 | 10 퍼팅한 볼이 동반 경기자의 볼을 맞힌 경우 |
| 274 | 11 퍼팅한 볼이 동반 경기자의 발을 맞힌 경우 |
| 275 | 12 동반 경기자의 퍼터를 빌려서 퍼팅한 경우 |
| 276 | 13 퍼팅 후에 캐디가 와서 깃대를 뽑은 경우 |
| 277 | 14 홀 위에 걸친 볼이 바람이 불어 들어간 경우 |
| 278 | 15 볼이 홀에 꽂힌 깃대에 기대어 정지한 경우 |

### 03 스코어카드의 작성과 제출

| | |
|---|---|
| 280 | 01 스코어카드의 정정 여부 |
| 281 | 02 스코어를 틀리게 기록한 경우 |
| 282 | 03 동반 경기자가 쓴 내 스코어카드의 책임 |
| 283 | 04 스코어카드의 확인과 서명 |
| 284 | 05 공식 경기에서의 스코어 합계 처리 |

| | |
|---|---|
| 285 | **부록**<br>골프 용어 |

# 5 그린에서의 플레이와 마무리

### 01 그린에서의 에티켓과 퍼팅

| | |
|---|---|
| 250 | 01 그린에서의 에티켓 |
| 256 | 02 그린에서의 퍼팅 |

### 02 그린에서의 골프 룰

| | |
|---|---|
| 264 | 01 볼의 일부가 그린에 접촉한 경우 |
| 265 | 02 퍼트 선의 스파이크 자국을 수리하는 경우 |
| 266 | 03 동반 경기자의 퍼트 선을 손상시킨 경우 |
| 267 | 04 퍼트 선의 모래 |
| 268 | 05 퍼트 선에 고인 물 |

Part
01

# 전날 하는 라운드 준비

# 코스에 나가려면 어느 정도 연습해야 할까?

**처음 접하는 코스는 생각보다 어렵다**

필드에서 꾸준히 자신의 실력을 유지하는 골퍼들은 연습장에서도 연습을 게을리하지 않는다. 아무리 필드가 익숙하더라도 연습을 게을리한 채 나가면 평소 실력의 반도 발휘하지 못하는 경우가 많다. 평소 연습이 중요한 것은 코스에서의 라운드가 생각보다 어렵기 때문이다.

연습장은 바닥이 평평하므로 항상 일정한 스윙만 연습하게 된다. 그러나 코스에서는 볼의 라이Lie, 플레이어가 스트로크한 볼이 날아가서 멈춘 장소의 상태나 위치가 내리막·오르막·업힐 라이·다운힐 라이·디보트·벙커·러프 등 다양하게 전개된다. 따라서 자신의 스윙 템포를 제대로 익히지 않은 채 코스에 나가면 낭패를 보기 일쑤이며, 다음과 같은 문제가 생기기도 한다.

첫째, 볼이 원하는 데로 가지 않고 좌 우로 가게 되므로 볼을 찾기 위해 코스를 뛰다시피 돌다가 피곤에 지쳐 녹초가 된다. 이렇게 되면 골프에 대한 흥미가 떨어지고, 결국 골프를 멀리하게 된다.

둘째, 함께 라운드를 하는 동반

연습장은 바닥이 평평하지만, 코스는 결코 평평하지 않다.

자들에게 피해를 준다. 골프 라운드는 보통 네 명씩 움직인다. 따라서 제일 늦게 플레이를 하는 골퍼의 플레이에 다른 세 명이 보조를 맞춰야 하므로 플레이가 더디어진다. 그러면 다른 세 명 역시 다음 조가 신경 쓰여서 제대로 된 플레이가 어려워지고 피곤한 라운드를 하게 된다.

나도 즐겁고, 함께 하는 동반자도 즐거운 골프 라운드를 하기 위해서는 연습장에서 스윙 기술과 스윙 템포를 충분히 익힌 다음에 라운드를 나간다.

즐거운 라운드를 위해서는 연습장에서 스윙 기초와 스윙 템포를 충분히 익힌다.

## 연습은 어느 정도 해야 할까?

직장인들의 경우 퇴근 후 연습장에 가서 하루 2시간 정도 연습한다. 이렇게 6개월 정도 꾸준히 연습한 뒤 필드에 나가 첫 라운드를 하는 것이 대부분이다. 그러나 개인의 운동 실력이나 체력 등에 따라 편차가 나기도 한다. 그렇다면 어느 정도 연습해야 필드에 나갈 수 있을까? 이것은 초보 골퍼들이 매우 궁금해 하는 사항이다. 자, 이제부터 그것을 알아보자!

스윙을 한 볼이 날아갈 때 주의할 것은 딱 두 가지이다.

첫째는 방향, 둘째는 비거리이다. 방향은 오랜 시간 동안 연습하면서 차

연습장에서 7번 아이언으로 50~100회 스윙을 해서 일정한 비거리가 70퍼센트 이상 나오면 필드에 나갈 수 있는 실력이다.

첫 라운드에서의 스코어가 18홀 130타 이하이면 합격점이다.

차 잡아 나가야 한다. 그러나 비거리는 어느 정도 연습하면 일정한 비거리가 나온다. 바로 이 비거리를 기준으로 필드에 나갈 수 있는 실력을 점검한다.

먼저 7번 아이언을 이용해 일정한 스윙 템포로 50~100회 정도 스윙을 한다. 이때 일정한 비거리가 70퍼센트 이상 나온다면 첫 라운드를 나갈 수 있는 실력이다. 아직까지는 방향이 흔들리겠지만, 연습을 계속하면서 고쳐 나간다.

물론, 드라이버에서 퍼터까지 모든 클럽을 익숙하게 사용할 때 필드에 나가는 것이 가장 좋다. 하지만 그렇게 되려면 많은 시간이 걸리므로, 6개월 정도 꾸준히 연습한 후에 7번 아이언으로 비거리를 점검하는 것이 현실적인 방법이다. 결론적으로 말해

7번 아이언으로 일정한 템포로 스윙을 했을 때 일정한 비거리가 70퍼센트 이상 나오면 필드로 나가도 된다. 참고로 첫 라운드에서의 스코어가 9홀에서 65타 이하(18홀에서 130타)면 합격점이므로 스코어에 너무 연연하지 않는다.

### 첫 라운드는 골프 경력자와 동행한다

첫 라운드는 설렘과 긴장감이 커서 초보 골퍼들 대부분은 평소 실력에 훨씬 못 미치는 스코어를 내지만, 그렇다고 실망할 필요는 없다. 중요한 것은 골프를 즐기면서 그 재미를 느끼는 것이다. 그래야 연습하는 것도 재밌고, 스윙 실력이 느는 것도 즐거우므로 라운드도 즐기면서 할 수 있다.

초보 골퍼가 골프 코스에 나가 첫 라운드를 한다는 것은 그에게 평생 잊지 못할 기념비적인 사건이다. 따라서 첫 라운드를 즐겁게 맛보는 것이 중요하므로, 골프를 어느 정도 해 본 경험이 있는 골프 경력자와 동행하는 것이 현명한 방법이다.

첫 라운드를 할 때 골프 경력자에게 자신이 처음 필드에 나왔다는 것을 미리 알려주면, 그만큼 배려를 받을 수 있으므로 즐거운 라운드를 할 수 있다. 그러므로 서두르거나 아는 척하지 않고 배우는 자세로 임한다면, 기억에 남는 첫 라운드가 될 것이다.

첫 라운드는 골프 경력자와 동행하는 것이 좋다.

# 02 골프장 예약 방법

**예약 시스템의 두 종류**

골프라는 게임은 골프장의 정해진 코스에 따라 18홀을 돌면서 플레이를 진행한다. 골프 코스는 전반 9홀과 후반 9홀 모두 클럽 하우스에서 시작해서 다시 클럽 하우스로 돌아오는 형태로 되어 있기 때문에 골프 게임을 '골프 라운드'라고도 한다.

▌골프장의 종류와 구성
골프장은 회원제 골프장과 퍼블릭 골프장이 있고, 18홀로 구성되어 있다.

골프 코스는 18홀로 이루어져 있다. 1~9번 홀까지를 '아웃 코스(out course, 전반)', 10~18번 홀까지를 '인 코스(in course, 후반)'라 하며, 18홀 전부를 돌아올 때 1라운드가 끝난다.

골프장(골프 코스)은 시스템에 따라 크게 두 가지로 구분된다. 첫째는 회원제를 도입하고 있는 회원제 골프장이고, 둘째는 누구나 플레이가 가능한 퍼블릭 골프장이다. 두 가지 모두 플레이를 하기 위해서는 예약이 필수이지만, 그 방법은 조금씩 다르다.

### 회원제 골프장의 예약 방법

회원제 골프장(멤버십 코스)은 골프회원권을 취득한 회원 중심으로 운영되는 골프장을 말한다. 회원제 골프장은 회원에게 우선권이 있다. 회원권은 돈을 주고 사고팔 수 있으며, 그 시세는 회원권거래소에 나와 있으므로 이를 참고한다.

회원제 골프장의 회원이라면 해당 골프장에 전화해서 라운드 일정을 예약한다. 그러나 회원 이외의 사람, 즉 비회원은 예약할 수 없다. 따라서 비회원이 회원제 골프장에서 플레이를 하려면 회원과 함께 하거나 회원의 소개가 필요하다. 회원이 데려온 비회원을 '비지터Visitor'라고 한다.

초보 골퍼들이 골프회원권을 취득한 경우는 드물다. 따라서 회원제 골프장에서 라운드를 하고 싶은 초보 골퍼들은 친구나 선후배 등 아는 사람 중에서 골프회원권을 가진 사람에게 함께 가자고 부탁해 보는 것도 좋은 방법이다.

비회원이 회원제 골프장에서 라운드를 하려면, 회원과 함께 가거나 회원의 소개가 필요하다.

### 퍼블릭 골프장의 예약 방법

퍼블릭 골프장은 회원제를 취하지 않는 골프장을 말한다. 퍼블릭 골프장에서는 누구나 플레이가 가능하므로 '퍼블릭 코스'라고도 한다. 퍼블릭 골프장을 이용하려면 예약을 해야 한다. 예약 방법은 두 가지로, 첫째는 전화로, 둘째는 인터넷을 통해 하는 것이다.

전화로 예약을 할 경우, 정해진 접수 개시 일자 이후에 전화로 예약한다. 그런데 전화로 예약하는 퍼블릭 골프장은 예약이 쇄도하므로 원하는 시간에 플레이를 하기가 어렵다. 특히 직장인들이 선호하는 토요일이나 일요일 등은 금방 마감된다. 따라서 시간을 내기 어렵더라도 평일 예약이 쉽다는 점을 참고할 필요가 있다.

퍼블릭 골프장은 주말보다는 평일이 예약하기 쉽다.

인터넷 예약은 해당 골프장의 홈페이지에서 회원 가입을 한 후에 예약이 가능하다. 일부 퍼블릭 골프장은 평일에는 선착순으로 접수를 받기도 하므로, 잘 알아본 후에 예약한다.

이 밖에 세미 퍼블릭 골프장이 있는데, 회원제 골프장이지만 회원 수를 줄이고 비회원을 좀 더 수용하는 골프장을 말한다. 세미 퍼블릭 골프장에서 비회원이 예약하는 방법은 퍼블릭 골프장과 같다.

### 여행사에서 운영하는 골프 패키지

회원제 골프장에서 비회원이 회원 동반이나 소개 없이도 플레이를 할 수 있는 방법이 있다. 바로 여행사나 골프 전문 채널 등에서 제공하는 골프 패키지 여행 상품을 이용하는 것이다.

여행사의 골프 패키지 상품을 이용하면 멤버십 코스에서도 플레이를 할 수 있다.

여행사나 골프 전문 채널 등에서 제공하는 골프 패키지 여행 상품을 이용하면, 경치 좋은 지역 또는 해외여행을 하면서 골프를 즐길 수 있다. 게다가 교통비·숙박비·그린피 등이 여행 비용에 모두 포함되어 있어서 비교적 저렴한 비용에 플레이를 할 수 있는 이점이 있다. 최근에는 골프 패키지 여행 상품이 다양하게 나와서 호텔이나 골프텔, 혹은 연계 숙박 시설 근처에 있는 3~4개 정도의 골프장 중에서 자유롭게 선택할 수 있으므로, 이를 잘 활용하면 여행과 함께 라운드를 동시에 즐길 수 있다.

# 03 라운드 전날 준비할 사항

## 장비 점검과 짐 꾸리기

**캐디 백의 구조**

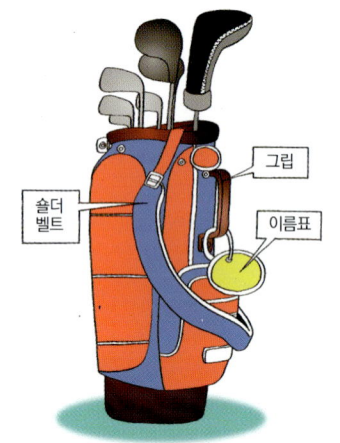

**보스턴 백과 골프화 케이스**

라운드 당일 아침에 일어나서 짐을 꾸리면 서두르다가 필요한 물건을 빠뜨리기 쉬우므로, 라운드 전날 장비를 점검하고 짐을 꾸리는 것이 좋다. 장비는 크게 캐디 백과 보스턴 백, 골프화 케이스로 구분해서 짐을 꾸릴 수 있다.

캐디 백은 클럽을 넣고 다니는 가방을 말하며, 클럽·볼·장갑·티 페그·볼 마커·모자·우산·비옷·타월 등이 들어간다.

보스턴 백이란 갈아입을 옷과 자질구레한 물건 등을 넣는 가방을 말한다.

골프화 케이스는 골프화를 넣는 가방이다.

### 봄·여름의 복장

봄·여름에는 플레이를 하면서 땀을 많이 흘리므로, 옷을 고를 때 신경을 써야 한다.

특히 땀을 많이 흘리는 골퍼라면 흡수성이 좋은 면 소재 폴로셔츠가 적당하다. 여름에는 자외선 때문에 피부가 상하기 쉬우므로, 폴로셔츠의 칼라를 세우거나 긴 소매 셔츠를 입어서 햇볕에 그을리는 것을 방지할 수 있으며, 모자를 준비해서 일사병에 대비한다.

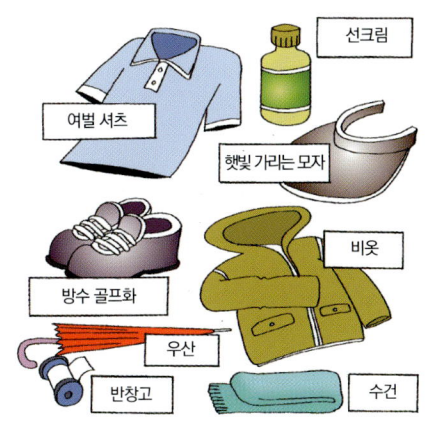

**▎여름철에 준비할 용품**

땀을 많이 흘리는 한여름에는 남녀 모두 갈아입을 옷을 준비하는 것이 좋다. 하프 경기가 끝났을 때 옷을 갈아입고, 산뜻한 기분으로 오후의 라운드를 즐길 수 있기 때문이다.

여름철에 준비해야 할 용품으로는 갈아입을 여벌의 셔츠, 햇빛을 가리는 모자, 선크림, 방수 골프화, 우산, 비옷, 반창고, 수건 등이 있다.

### 비옷은 필수품

골프는 비가 와도 중단하지 않고 계속 진행하는 스포츠이다. 특히 산자락에 위치한 골프장이라면 날씨가 변덕스러우므로 반드시 비옷을 준비한다. 비옷은 상의와 하의를 모두 갖추는 것이 좋은데, 여의치 않다면 상의만이라도 챙긴다. 비옷은 스윙에 방해되지 않는 골프용 비옷을 준비하는 것이 좋다.

### 가을·겨울의 복장

가을부터 겨울까지는 날씨가 점점 추워지므로 폴로셔츠 위에 조끼나 스웨터를 입는 것이 좋다. 조끼나 스웨터는 가볍고 움직이는 데 방해가 되지 않는 것을 골라야 스윙을 부드럽게 할 수 있다.

내의는 면 소재의 긴소매 내의를 착용하면 땀을 잘 흡수한다. 날씨가 아주 추울 때는 골프용 방한복이나 점퍼를 입는다. 최근에 출시되는 골프 방한복들은 소재가 가볍고 부드러워서 스윙 중에도 소리가 나지 않고 쾌적하다.

▌겨울철에 준비할 용품

겨울철에 준비할 용품으로는 바람막이나 털외투, 조끼나 스웨터, 귀를 감싸는 모자, 털장갑, 핫패드, 여성용 간편 화장품 등이 있다.

### 코스 플레이 비용을 알아보고 준비한다

골프장에서 하루 라운드를 하는 데 들어가는 비용은 크게 그린피·캐디피·카트 비·식비 등으로 구분된다. 극히 일부이지만, 신용카드를 사용하지 못하는 골프장도 있으므로, 만일을 위해 현금을 준비하는 것이 좋다. 비용은 지역과 골프장에 따라 다소 차이가 있으므로 미리 알아보고 준비한다.

• 그린피

그린피란 플레이를 하기 위해서 지불하는 요금을 말한다. 회원제 골프장의 경우 회원의 그린피는 무료에서부터 4만 원 내외이다. 이에 반해 비회원(비지터)은 10만 원 내외이다. 회원제 골프장과 퍼블릭 골프장 모두 주말이나 공휴일에는 15퍼센트 정도 비용이 추가된다.

• 캐디 피

캐디 피란 동행하는 캐디에게 주는 수고비를 말한다. 캐디 피는 한 팀당 10만 원 내외이지만, 한 팀당 2명의 캐디가 동행할 경우에는 그 두 배인 20만 원 내외이다. 캐디 피 역시 지역과 골프장에 따라 모두 다르므로 예약할 때 미리 알아보는 것이 좋다.

• 카트 비

카트$^{Cart}$란 캐디가 들고 다니는 가방을 운반하는 차를 말하며, '전동차'라고도 부른다. 정규 골프장의 1라운드를 하는 데 드는 카트 사용비는 한 대(4인용)당 8만 원 내외이다.

### 골프 에티켓과 룰을 숙지한다

골프 에티켓과 골프 룰을 하나부터 열까지 모두 기억할 수는 없지만, 기본적인 에티켓과 룰은 어느 정도 숙지해야 한다. 특히 이 책의 각 파트에 나오는 골프 룰은 익혀 두는 것이 좋다. '룰만 알아도 10타는 줄인다'는 말이 있을 정도로 골프에서 룰이 차지하는 비중은 무척 크다.

예를 들어 스트로크 플레이(일반적인 골프 플레이)에서 플레이어가 친 볼에 '플레이어 자신'이 맞았을 때와 '동반 경기자'가 맞았을 때 어떻게 되는지 정도는 알고 있어야 한다. 이 경우의 골프 룰을 보면, 본인이 맞은 경우에는 1벌타를 받고 볼이 떨어진 상태에서 그대로 플레이를 진행한다. 그러나 동반 경기자가 맞은 경우 동반 경기자는 국외자*이므로 벌타 없이 있는 상태 그대로 플레이한다.

이 책은 각 파트별로 초보 골퍼들이 코스에서 반드시 알아야 할 골프 룰과 그에 대한 규정을 일러스트와 함께 실어 쉽게 이해할 수 있다. 그러므로 라운드 전날 이 책을 읽어 본 후 캐디 백에 넣어 두면 많은 도움이 될 것이다.

룰만 알아도 5~10타를 줄일 수 있다. 골프에서는 룰을 아는 것도 실력이다.

---

* 스트로크 플레이에서 **국외자**란 경기자(Player) 편을 제외한 모든 사람과 사물을 말한다. 경기자 편에는 경기자 편에 속한 캐디, 현재 플레이하고 있는 홀에서 경기자 편이 플레이한 볼 또는 경기자 편의 휴대품 등이 포함된다.

### 라운드 전날 연습은 적당히

라운드 전날 연습장에서 스윙을 체크하면 다음날 코스에서 실력을 발휘하는 데 큰 도움이 된다. 그러나 이것은 어디까지나 스윙 템포를 확인하고 체크하는 것이다. 잘하겠다는 욕심으로 연습을 많이 하면 몸에 무리가 오고, 정작 라운드 당일에는 몸이 피곤해서 제 실력을 발휘하기 어렵다.

라운드 전날에 하는 연습은 가볍게 스윙 템포를 체크하는 데 목표를 두고 볼 50~60개 정도의 연습이 적당하다. 욕심이 난다 해도 80~100개까지만 하고 멈춘다. 그 이상 연습하면 오히려 역효과가 나므로, 하지 않는 편이 더 낫다.

라운드 전날에는 가볍게 체크하는 정도로 연습하고 무리하지 않는다.

### 충분한 수면 취하기

라운드 전날 스윙 템포를 체크하고, 장비 점검 등을 마친 후에는 일찍 잠자리에 든다. 대체로 골프장은 도심에서 멀리 떨어져 있으므로 일찍 일어나 출발해야 하기 때문이다. 설령 잠이 오지 않더라도 누워서 쉰다는 마음으로 마인드 컨트롤을 하면서 휴식을 취하는 것이 좋다. 그러다 보면 어느새 잠이 들어 다음날 라운드에서 피로를 느끼지 않고 실력을 발휘할 수 있을 것이다.

다른 스포츠도 마찬가지이지만, 골프는 특히 체력을 많이 소모하는 운동이다. 첫 라운드를 하는 초보 골퍼들은 동반 경기자들보다 최소 2배 이상 걷거나 뛴다고 보아야 한다. 즉, 코스 경험이 많은 골퍼들보다 체력 소모가 2배 이상이므로 전날 일찍 잠자리에 든다.

라운드 전날은 충분한 수면을 취해서 체력을 비축한다.

# 04 출발 전에 할 일

### 한 시간 전에 목적지에 도착하게 일찍 출발한다

티 오프 Tee Off, 티에서 볼을 쳐 플레이를 시작하는 것. 출발 시간이라고도 함 한 시간 전까지는 클럽 하우스에 도착하는 것이 골퍼로서의 기본 예의이다.

만일 부득이한 사정으로 늦을 경우에는 반드시 골프장에 연락한다. 아무런 연락도 없이 늦으면, 기다리는 사람들에게 피해를 준다. 하지만 미리 연락을 하면, 골프장 측에서도 티 오프 시간을 조정할 수 있다. 늦는다는 연락을 해서 조급한 마음을 가라앉히고 침착한 운전으로 골프장에 무사히 도착해야 한다. 평소 자주 이용하는 골프장이라면 티 오프 한 시간 전에 도착하면 되지만, 초행길이라면 티 오프 두 시간 전에 도착해서 여유 있게 준비하는 것이 즐거운 라운드의 초석이다.

티 오프 한 시간 전에는 클럽 하우스에 도착한다.

## 자가용을 이용할 경우

골프장이 멀다면 운전은 교대로!

대부분의 골프장이 도심에서 멀리 떨어져 있으므로 자가용으로 가는 것이 편리하다. 자가용을 이용하면 무거운 캐디 백을 차량 트렁크에 넣을 수 있기 때문이다.

자가용을 이용하면 티 오프 한 두 시간 전에 도착하도록 한다. 여러 명이 함께 간다면 교대로 운전하는 것이 안전하다. 특히 귀갓길에는 모두가 피로하므로 교대로 운전하는 것이 안전 운행에 도움이 되며, 졸음운전을 하지 않게 운전자에게 말을 거는 등 운전자의 피곤함을 없애 주려는 배려가 필요하다.

## 대중교통을 이용할 때는 캐디 백을 미리 탁송한다

자가용이 아닌 대중교통을 이용할 경우에는 캐디 백·보스턴 백·골프화 케이스 등을 택배로 미리 골프장에 보내는 것이 좋다. 택배로 미리 보낼 때는 라운드 전날까지 클럽 하우스에 도착할 수 있게 미리 탁송한다. 이때 캐디 백 등에 반드시 자신의 이름표를 붙여 둔다.

탁송 시에는 택배 운송장에 받는 사람과 주소를 골프장으로 적는다. 골프장의 주소·골프장 이름·전화번호를 쓰고, 백에 들어 있는 클럽의 개수도 적는다. 택배를 이용할 경우 전용 비닐 커버를 씌워야 하는데, 전용 비닐 커버의 가격은 4만 원 내외, 운송료는 지역에 따라 차이가 있다.

Part
02

# 코스에서의
# 라운드 준비

# 01 코스에서의 하루 스케줄

### 클럽 하우스 도착에서부터 라운드 전까지의 단계

클럽 하우스 도착에서부터 라운드 전까지의 단계는 제1단계 : 클럽 하우스 현관에 도착 → 제2단계 : 프런트에서 체크인(접수) → 제3단계 : 라커 룸에서 골프 복장 착용 → 제4단계 : 스타트 시간 확인하기 → 제5단계 : 동반자들과 티타임 → 제6단계 : 연습장에서 가벼운 연습의 6단계로 구분된다.

#### 제1단계 : 클럽 하우스 현관에 도착

티 오프 한두 시간 전에 도착해서 캐디에게 캐디 백 등을 맡긴다.

티 오프 한두 시간 전에는 클럽 하우스 현관에 도착해야 한다. 현관에 도착하면 대기하고 있는 캐디(경기 보조원)에게 캐디 백과 보스턴 백 등을 맡긴다. 클럽 버스나 택시에서 내리는 경우에도 캐디에게 캐디 백을 맡기면 된다. 자가용을 타고 올 경우 캐디 백을 맡긴 다음 직접 주차장에 주차한다. 주차원이 주차를 해 주는 골프장도 있으므로 짐을 맡길 때 주차에 관해 캐디에게 물어보는 것이 좋다.

제2단계 : 프런트에서 체크인(접수)

주차 후에 프런트에 가서 예약자와 예약 시간을 알리고 이용자 명부에 이름과 전화번호 등을 적는다. 회원제 골프장의 경우에는 회원용과 비지터(비회원)용 명부가 따로 분리되어 있으므로, 비지터는 비지터용 명부에 이름 등을 써넣는다. 이때 소개한 회원의 이름을 적는 난에 소개자를 적는다.

프런트에서 접수하고 라커를 배정받는다.

 체크인(접수)을 할 때 출발 코스를 반드시 확인한다. 체크인이 끝나면 라커 넘버를 배정받고 번호가 적힌 라커 열쇠를 받는다. 일부 골프장에서는 라커 열쇠 대신 라커 번호가 적힌 종이만 주기도 한다. 이런 곳은 전자 키를 사용하므로 비밀번호를 누르고 라커를 잠근다.

제3단계 : 라커 룸에서 골프 복장 착용

라커 룸의 배정받은 라커로 와서 골프 복장으로 갈아입는다. 수건과 물품이 든 주머니 등 라운드에 필요한 최소한의 물건을 챙긴 다음 귀중품을 제외한 모든 것을 라커에 넣고 잠근다. 전자 키가 아닌 경우에는 열쇠를 본인이 소지한다.

 또한 지갑이나 귀금속 등 귀중품

라커 룸에서 옷을 갈아입고 귀중품은 프런트에 맡긴다.

이 있다면 프런트에 맡기는 것이 좋다. 넓은 골프장 코스에서 라운드를 하다가 반지처럼 작은 귀중품을 잃어버리면 찾기 어렵다. 프런트에 귀중품 보관을 신청하면 '귀중품 주머니'를 주므로 그 안에 잘 넣어 서명하고 맡긴다.

### 제4단계 : 스타트 시간 확인하기

골프 복장으로 갈아입고 귀중품을 프런트에 맡긴 다음, 클럽 하우스의 코스 쪽 출구에 있는 캐디 마스터실로 이동한다. 클럽 하우스에 도착할 때 캐디에게 맡긴 캐디 백이 캐디 마스터실로 운반되어 스타트 순번에 따라 대기하고 있기 때문이다. 예약 때 통보받은 시간이 스타트 전에 바뀔 수도 있으므로, 이곳에서 자신이 속한 조의 스타트 시간을 묻고 확인한다. 스타트 시간을 확인하면서 자신이 속한 조의 스타트 홀(출발 코스의 1번 홀)도 함께 확인한다. 18개 홀로 구성된 코스에서는 인 코스에서 출발하는지, 아니면 아웃 코스에서 출발하는지 알아 둔다. 27개 홀로 구성된 코스에서는 동 코스·서 코스·중 코스(또는 A 코스·B 코스·C 코스)의 세 개의 출발 코스가 있으므로 반드시 프런트나 캐디 마스터실에서 확인해 둔다.

캐디 마스터실에서 스타트 시간과 스타트 홀을 확인한다.

### 제5단계 : 동반자들과 티타임

스타트 시간을 확인하면 라운드 준비는

거의 다 된 것이다. 이제 클럽 하우스 로비나 식당으로 이동해 함께 라운드를 할 파트너(동반자)들과 간단한 음료나 식사를 하면서 인사를 한다.

이렇게 티타임을 가지면 전날부터 바쁘게 준비했던 어수선한 마음이 가라앉는다. 티타임을 가진 후 코스에 나온 사람과 그렇지 않은 사람은 샷에서 차이가 난다. 그 이유는 티타임이 골퍼의 심리를 안정시켜 연습할 때의 샷이 나오는 것이다.

동반자들과 간단한 티타임을 가지면서 마음을 가라앉힌다.

티타임으로 안정을 취한 후 출발 코스로 나가면 캐디가 캐디 백을 갖고 대기하고 있을 것이다. 자신의 캐디 백에서 3~4개의 클럽을 골라 연습장으로 향한다.

## 제6단계 : 연습장에서 가벼운 연습

연습장에서는 먼저 준비운동을 해서 몸을 푼다. 준비운동은 평소 연습장에서 하던 어깨·허리·다리 근육을 푸는 스트레칭을 한다.

스트레칭 후에는 숏 아이언부터 시작해서 마지막에는 드라이버로 각각 세네 번의 빈 스윙을 한다. 이때 볼을 세게 날리는 빈 스윙보다는 스윙 템포와 타이밍을 체크하는 빈 스윙에 중점을 둔다. 좋은 타이밍으로 빈 스윙을 해서 몸이 풀리면 스윙 연습을 마친다.

빈 스윙 연습이 끝나면 캐디 백이 있는 곳으로 가서 클럽을 넣고, 다시 퍼터와 볼 2~3개를 가지고 연습 그린으로 가서 퍼팅 연습을 한다. 연습장이 없는 골프장도 연습 그린은 반드시 있으므로, 퍼팅 연습을 하면서 그

코스 연습장에서 가볍게 연습한다. 이때 연습 그린에서 반드시 퍼팅 연습을 해 둔다.

골프장의 그린 상태와 잔디 결을 미리 점검한다.

　스타트 시간 20분 전이 되면 모든 연습을 중단하고 퍼터와 볼을 캐디 백에 다시 넣는다. 그리고 나서 캐디 마스터실에 가서 스코어 카드와 연필을 받아 스타트 홀로 향한다.

　라운드 단계는 제1단계 : 1번 홀 스타트 → 제2단계 : 전반 9홀 마무리와 티타임 → 제3단계 : 후반 9홀 시작 → 제4단계 : 18홀 피니시와 스코어 서명의 4단계로 구분된다.

### 라운드 단계

#### 제1단계 : 1번 홀 스타트

스타트 홀의 티잉 그라운드는 보통 클럽 하우스 바로 옆에 있다. 스타트 홀에는 적어도 10분 전에 집합하는 것이 에티켓이다. 10분 전에 티잉 그라운드에 모여 함께 라운드를 하는 사람들과 인사를 나눈다.

　스타트 전에 스코어카드에 이름을 써넣는다. 먼저 예약자의 이름을 기입한 다음, 그 이하는 일반적으로 상급자부터 차례로 쓴다.

　캐디 역시 스타트 10분 전에 캐디 백을 실은 카트를 이동하면서 스타트 홀로 온다. 캐디가 오면 서로 큰 소리로 인사를 한다. 그러면 캐디가 캐디 백에 붙은 이름표를 보면서 플레이어의 이름과 클럽 개수를 확인한다. 예를 들어 "○○○님! 우드 3개, 아이언 10개(퍼터 포함)로 합계 13개입니다." 하는 식으로 클럽 개수를 말해 준다. 이렇게 함으로써 캐디는 플레이어의 얼굴을 기억하고 라운드 중에 정확히 클럽을 건네주거나 어드바이스를 할 수 있다. 첫 라운드에는 여러 개의 볼이 필요할 수 있으므로 넉넉히 준비한다.

스타트 10분 전에 스타트 홀의 티잉 그라운드에 집합한다.

제 2단계 : 전반 9홀 마무리와 티타임

한 홀을 마무리할 때마다 스코어카드에 스코어를 기록한다. 홀 아웃 후에는 다음 조에게 그린을 비워 줘야 하므로 그린 위에서 스코어를 작성하지 않도록 주의한다.

　전반 9홀이 끝난 후 시간적 여유가 있으면 티타임을 가질 수 있다. 먼저, 클럽이나 볼을 캐디 백에 챙겨 넣으면서 캐디에게 감사의 인사를 한다. 클럽 하우스로 들어가기 전에 입구 옆에 있는 에어 건 등 신발을 닦는 도구로 신발을 닦는다. 또한 클럽 하우스 안의 레스토랑이나 화장실에서는 모자를 벗는 것이 예의이다.

　티타임을 하는 휴식 시간은 10~

한 홀을 마무리할 때마다 스코어카드에 스코어를 기록한다.

20분 정도이다. 레스토랑에서 식사를 하거나 차를 마셔도 현금은 필요 없고, 대신 전표에 사인을 한다. 레스토랑을 비롯하여 코스 내의 매점 등에서도 전표에 사인만 한다. 골프장에서 이용한 모든 비용은 체크아웃을 할 때 플레이 비용과 함께 정산한다.

### 제3단계 : 후반 9홀 시작

후반 스타트 10분 전까지 스타트 홀의 티잉 그라운드에 집합한다.

약간의 휴식으로 재충전을 했다면, 후반 스타트 10분 전까지는 스타트 홀의 티잉 그라운드에 집합한다. 쉴 때 시간적 여유가 있다면 퍼팅 연습을 하는 것이 좋다. 날씨가 좋거나 바람이 부는 날에는 그린이 건조하기 때문에 퍼터의 터치 감각이 변할 수 있으므로 연습 퍼팅 때 미리 체크해 두어야 한다.

전반부 라운드에서 가지고 있던 볼을 모두 잃어버렸다면, 후반 9홀이 시작되기 전에 볼을 준비해 둔다.

### 제4단계 : 18홀 피니시와 스코어 서명

18번 홀에서 맨 마지막 플레이어가 퍼팅을 마치면 핀Pin, 홀에 꽂은 깃대을 원래대로 해 놓고 서로 인사를 한다. 특히, 그날 온종일 보살펴 준 캐디에게 감사의 인사를 하는 것이 매너이다. 더군다나 초보 골퍼의 첫 라운드에는 캐디의 도움을 제일 많이 받게 되므로 반드시 캐디에게 감사의 말을 건네는 것이 예의이다.

그런 다음 캐디와 함께 클럽의 개수를 확인하고 캐디가 주는 전표에 사인을 한다. 일반적으로 캐디백은 체크아웃을 한 후 교환 전표로 찾는다.

캐디 피는 대체로 라운드를 마친 후 바로 지불하

18홀이 끝나면 캐디에게 감사의 인사를 하고, 클럽 개수를 확인한 후 전표에 서명한다.

지만, 일부 골프장은 그린피를 계산할 때 같이 내는 곳도 있으므로 캐디 혹은 체크인을 할 때 프런트에서 물어본다.

4명만 라운드를 할 때는 필요 없지만, 공식 대회처럼 몇 개 조가 함께 플레이를 하여 우승자를 가리는 경우, 스코어카드에 사인해서 진행자에게 제출한다.

라운드를 마친 후의 단계는 제1단계 : 샤워하고 옷 갈아입기 → 제2단계 : 마무리 식사 타임 → 제3단계 : 체크아웃 및 귀가의 3단계로 구분된다.

### 라운드를 마친 후의 단계

제1단계 : 샤워하고 옷 갈아입기

라운드를 마치고 클럽 하우스에 들어갈 때는 출입문 입구에 있는 에어건 등으로 신발을 털고 들어간다. 특히 이번에는 신발을 골프화 케이스에 넣어야 하므로 먼지를 잘 털어 낸다.

라커 룸에서는 간단한 속옷을 입고 라커 룸 안쪽의 샤워실로 향한다.

샤워실 안에 별도의 탈의실이 있으므로, 탈의실에서 속옷을 벗고 샤워를 하면서 하루 동안 흘린 땀을 시원하게 씻어 낸다.

라커 룸 안쪽 별도의 탈의실에서 속옷을 벗고 샤워실로 들어가 몸을 씻는다.

샤워실에는 타월·비누·샴푸·드라이어 등이 준비되어 있으므로 가지고 갈 필요는 없다. 다만, 사용한 타월은 지정된 장소에 놓고, 큰 소리로 떠들지 않는 것 등은 기본 에티켓이다. 샤워를 마친 후에는 라커 룸으로 돌아가 옷을 갈아입고 동반자들과 식당으로 향한다.

### 제2단계 : 마무리 식사 타임

식당에서 동반자들과 라운드 소감을 나누면서 음료를 마시거나 식사를 한다.

샤워를 하고 옷을 갈아입은 후에는 식당에 가서 잠시 휴식을 취하면서 음료를 마시거나 식사를 한다. 이때 그날 라운드의 소감을 서로 나누면서 맥주를 한 잔 즐기기도 한다.

공식 대회의 경우 이 시간은 성적 발표를 겸한 파티로 꾸며진다. 간단한 파티이므로 지나치게 부담을 가질 필요는 없다. 여성 골퍼들의 경우 라운드 중에는 스포티한 옷차림이었더라도 이 시간에는 살짝 여성스러운 패션이나 헤어스타일 및 메이크업으로 연출하여 자신의 매력을 발산하면서 분위기를 즐기는 것도 좋다.

## 제3단계 : 체크아웃 및 귀가

샤워 후 잠시 휴식을 취했으면, 짐 (보스턴 백)을 들고 프런트에 가서 코스 이용료 등을 모두 정산하면서 체크아웃을 한다. 맡겨 둔 귀중품이 있다면 이때 돌려받는다.

정산을 마친 후에는 현관에서 캐디 백을 돌려받는다. 일반적으로

프런트에서 정산하고 귀중품을 돌려받은 후 현관에서 캐디 백을 받는다.

홀 아웃을 한 후에 캐디로부터 받은 교환 전표를 현관에서 제출하면 캐디 백을 돌려받을 수 있다. 만약 택배로 캐디 백 등을 탁송하고 싶다면 홀 아웃할 때 캐디 백을 비닐 커버에 싸고 주소를 써서 캐디에게 알린 후, 정산할 때 프런트에서 택배를 신청하면 수속을 해 준다.

모든 절차가 끝나면 귀갓길에 오른다. 라운드 중에 잘못 친 샷은 잊어버리고, 그날 있었던 좋은 장면만 가슴에 간직하고 돌아온다. 하루 동안 자연과 호흡하면서 즐겁게 라운드를 한 것에 만족하면서 돌아오는 것이 골프이다.

자가 운전일 경우에는 피로를 감안해서 천천히 운전한다. 조수석이나 뒷자리에 앉은 사람들은 운전자가 피곤하지 않도록 말을 걸어 주는 배려가 필요하며, 교대로 운전하는 것도 좋은 방법이다. 무사히 집에 도착해야 그 날의 골프 라운드가 끝나는 것이다.

## 02 연습장에서의 워밍업

### 스타트 전의 준비운동

골프라는 스포츠는 스윙과 걷기가 주축인 운동이다. 걷는 것은 따로 준비운동을 하지 않아도 되지만, 스윙은 전신을 사용하여 큰 동작을 갑자기 해야 하므로 반드시 준비운동을 한다. 준비 없이 갑자기 스윙을 하면 몸의 근육이 놀라서 큰 부상을 당하기 쉽다.

실제 라운드에 임할 경우 한두 시간 전에 클럽 하우스에 도착해 옷을 갈아입고 준비운동으로 몸을 푼다. 집 근처 연습장에서 연습할 때도 준비운동으로 몸을 먼저 풀듯이 실전 라운드에서도 준비운동을 해서 몸을 풀어야 한다. 이렇게 몸을 풀면 스윙이 잘 돼 기분도 좋고, 부상도 사전에 방지할 수 있어 일석이조의 효과가 있다.

▎스타트 전에 반드시 준비운동을!

본격적인 스윙을 하기 전에 몸풀기 준비운동을 하는 습관을 갖는다.

### 몸풀기 준비운동의 순서

몸풀기 준비운동은 어깨 근육 펴 주기 → 옆구리 근육 펴 주기 → 다리 근육 펴 주기 → 양팔 X자로 체중 이동하기 → 클럽 메고 어깨 회전하기의 순서로 한다.

### 빈 스윙으로 가볍게 몸풀기

몸풀기 운동을 한 후에는 빈 스윙으로 스윙 템포를 점검한다. 일부 골프장에는 연습장 대신 연습을 할 수 있는 지정 구역이 있다. 연습장 또는 지정 구역에서는 가볍게 굳은 근육을 푼다는 마음으로 클럽을 이용해 빈 스윙을 한다.

숏 아이언부터 시작해서 마지막에는 드라이버로 빈 스윙을 하는데, 볼을 세게 날리는 것보다는 스윙 템포와 타이밍을 체크하는 데 주안점을 둔다. 빈 스윙으로 평소의 스윙 템포를 찾았다면 스윙 연습을 끝내고 바로 연습 그린으로 이동해서 퍼팅 연습을 한다.

코스 연습장에서는 클럽으로 빈 스윙을 가볍게 하면서 몸을 푼다.

### 연습 그린에서의 퍼팅 연습

빈 스윙 연습이 끝나면 캐디 마스터실로 돌아가 자신의 캐디 백에 클럽을 집어넣고, 대신 퍼터와 볼 2~3개를 가지고 연습 그린으로 간다. 연습장이 없는 골프장도 연습 그린은 반드시 있으므로 꼭 퍼팅 연습을 한다. 연습 그린은 해당 골프장 전체 코스의 잔디 결이나 정돈 상태를 보여 주기 때문에 퍼팅 감각을 익혀 두는 것은 매우 중요하다.

퍼팅 연습은 두 가지를 위주로 한다. 첫째는 정확성 연습이다. 즉, 홀을 향해 퍼터의 중심으로 볼의 중심을 치는 감각을 익히는 것이다. 이것으로 퍼터를 정확히 잘 조절하는지 확인할 수 있다.

둘째는 거리감 연습이다. 처음에는 홀에서 20보 정도 되는 거리에서 정확히 볼을 치는 연습을 한다. 다음에는 홀에서 10보, 그 다음은 5보, 그 다음은 3보, 마지막에는 2보 정도의 거리에서 퍼팅을 해 본다. 퍼팅은 감각이 중요한데, 이렇게 거리감을 몸에 익혀 두면 실제 플레이에서 많은 도움이 된다.

연습 그린에서 반드시 퍼팅 연습을 해서 코스 상태를 확인해 둔다.

# 스타트 홀에서의 매너

### 스타트 10분 전에 집합하기

스타트 홀의 티잉 그라운드는 대부분 클럽 하우스 옆에 있다. 적어도 티 오프 10분 전까지는 스타트 홀의 티잉 그라운드 앞에 집합한다. 이 시간에 캐디 역시 캐디 백을 실은 카트를 이동하면서 들어온다.

캐디가 오면 큰 소리로 인사를 하고 클럽의 개수를 확인한다. 이렇게 함으로써 캐디는 플레이어의 얼굴을 기억하고 라운드 중에 정확히 클럽을 건네주거나 어드바이스를 하게 된다.

### 사용할 공 확인하기

캐디와 인사가 끝나면, 네 명의 플레이어는 각자 자신이 사용할 볼을 서로에게 보여 주면서 '저는 ○○사의 ○번 공을 사용합니다' 라고 하면서 공을 확인한다. 이렇게 하면 라운드 중에 같은 방향으로 볼이 날아가도 다른 플레이어의 볼을 치는 실수를 방지할 수 있다.

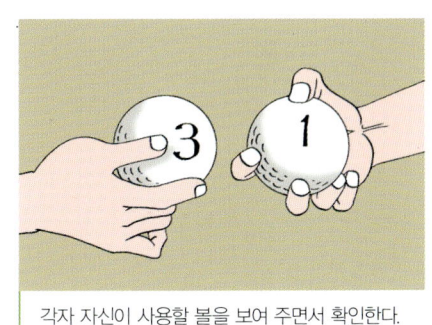

각자 자신이 사용할 볼을 보여 주면서 확인한다.

## 타순 결정하기

볼을 확인한 후에는 티잉 그라운드에서 볼을 치는 타순打順을 결정한다.

스타트 홀의 티잉 그라운드 옆에는 금속으로 만들어진 추첨 제비가 준비되어 있다. 4개의 금속 봉 끝에는 선이 그어져 있는데, 선이 한 개 그어진 것은 1번, 두 개 그어진 것은 2번, 세 개 그어진 것은 3번, 4개 그어진 것은 4번이 된다. 만일 선이 3개 그어진 금속 봉을 뽑았다면, 타순은 3번이 되는 것이다.

1번 제비를 뽑아서 티잉 그라운드에서 맨 처음으로 볼을 치는 플레이어를 '오너Honour'라고 한다. 오너란 그 홀의 주인Owner이란 뜻이 아니라 '명예로운 사람'이라는 뜻이다.

제비를 뽑아서 타순을 결정하는 것은 스타트 홀에서만 시행하며, 2번 홀부터는 앞 홀에서의 성적 순서로 볼을 친다. 단, 성적이 같은 경우 순서는 변하지 않는다.

스타트 홀에서의 타순은 제비뽑기로 결정하며, 맨 처음 치는 플레이어를 '오너Honour'라고 한다.

### 바지 주머니에 넣어 둘 물건들 : 스코어카드·볼·볼 마커·티 페그·그린 포크

바지에는 보통 앞주머니와 뒷주머니가 있다. 일반적으로 앞주머니에는 비상 볼 1개와 볼 마커, 티 페그, 그린 포크를 넣고 다닌다. 뒷주머니에는 네 명의 이름을 적은 스코어카드와 연필을 넣는다. 그 외의 것은 카트에 있는 캐디 백에 둔다. 이로써 스타트 홀에서의 준비가 완료된다.

▍앞주머니에 들어갈 물건

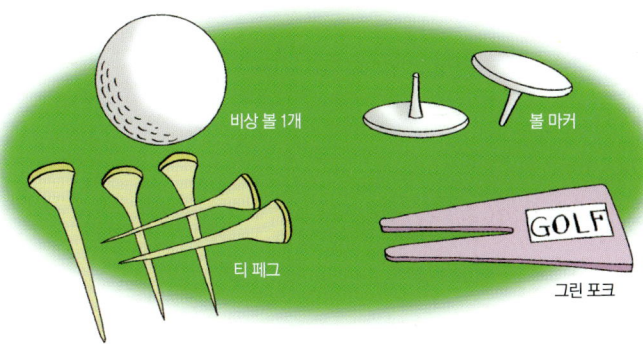

▍뒷주머니에 들어갈 물건

# 04 스코어카드 작성법

### 스코어카드의 양식

한 홀을 마칠 때마다 스코어카드에 자신의 스코어는 물론 동반자의 스코어도 기록한다. 다만, 스코어를 기록할 때는 그린에서 내려와 적는다. 그린은 다음 조를 위해서 바로 비워 주는 것이 에티켓이다.

### 스코어카드 작성 시 허위 보고는 금물

친목 도모를 위한 골프 시합이 아닌, 정식 골프 경기는 18홀을 마친 후 그 스코어를 정확하게 기입한 스코어카드를 제출해야 비로소 경기가 종료된다. 스코어카드를 제출할 때 각 홀별 타수를 잘못 기입하거나 서명을 빠트리지 않았는지 잘 확인한다. 아무리 좋은 스코어를 기록해도 스코어카드 기입에 실수가 있으면 실격된다. 특히 공식 경기에서 허위 보고(어느 홀에서 7타를 치고 6타라고 쓰는 것 등)를 하면 실격을 당한다. 친목을 도모하는 경기라도 허위 보고를 하면 동반자로부터 신용을 잃는다.

스코어카드에 몇 타를 쳤는지 정확하게 적는다.

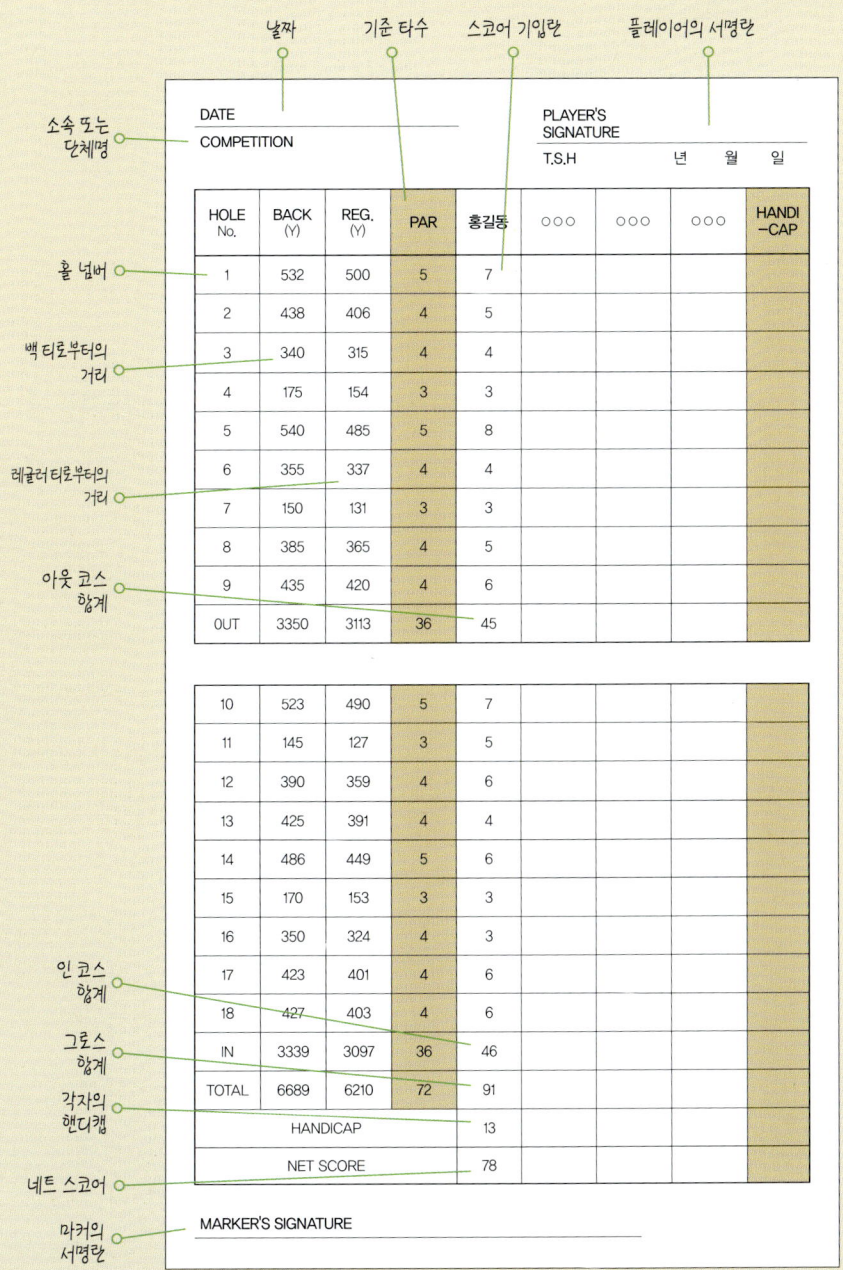

특히, 초보 골퍼의 경우 매 홀마다 너무 많은 타수를 기록해서 몇 타를 쳤는지 모르는 경우가 많은데, 이러한 경우에도 몇 타를 쳤는지 가능한 기억해 내서 정확한 스코어를 적으려고 노력해야 한다. 이렇게 하지 않으면 실력이 늘지 않는다.

### 스코어카드 작성법

스코어카드를 작성할 때 보통 파는 0, 버디는 -1, 보기는 1 등으로 표기하는데, 이는 주말 골퍼들이 알아보기 쉽게 하려는 약식 표기 방식이다. 정식으로 하려면 자신의 총 타수를 적어야 한다. 예를 들어 파4홀에서 보기를 했으면 5로 적고, 파5홀에서 버디를 했다면 4로 적는다.

## 05 골프장의 구성

### 골프장은 18홀로 이루어졌다

골프장(골프 코스)은 일반적으로 1번 홀부터 18번 홀까지의 18개 홀로 이루어져 있다. 코스를 구성하는 18개 홀 중에서 1~9번 홀까지를 '아웃 코스 out course, 전반'라고 하고, 10~18번 홀까지를 '인 코스 in course, 후반'라고 한다. 클럽 하우스에서 나와(going out) 스타트를 하기 때문에 전반 9홀을 '아웃'이라 하고, 절반을 남기고 클럽 하우스로 돌아가므로(coming in) 후반 9홀을 '인'이라 한다.

18개 홀은 티잉 그라운드에서 그린까지의 거리에 따라 파par, 기준 타수3, 파4, 파5의 세 종류로 나뉘어져 있다. 일반적으로 18홀의 구성은 파5 4개, 파4 10개, 파3 4개로 구성되어 있다.

### 홀의 구성

18홀 거리의 합계는 평균적으로 6,000~7,000야드(1야드=0.914미터)이다. 각 홀의 거리는 티잉 그라운드에서 페어웨이의 중앙을 거쳐 그린의 중심까지를 수평 거리로 잰다. 티 마크나 홀의 위치가 변해도 각 홀의 거리 표시는 변하지 않는다. 다만 그날의 핀 위치 등에 따라 각 홀의 거리는 다소 달라질 수 있으나 게임에는 큰 영향을 미치지 않는 정도이다.

## 파3홀

파3홀이란 티잉 그라운드에서 그린까지의 거리가 250야드 이하(여성의 경우에는 210야드 이하)의 홀을 말하며, 파는 3이다. 파3홀에서는 티잉 그라운드에서 한 번 스윙(티샷, 1타)으로 볼을 그린에 올리고, 그린에서 2퍼트(2타)로 홀 아웃 hole out, 한 홀의 플레이를 마치는 것하게 된다.

### 파3홀의 구성

파3홀은 2500야드(여성은 2100야드) 이하의 거리이며, 1타(티샷)를 쳐서 그린에 올리고, 그린에서 2퍼트(2타)로 홀 아웃하는 것이 기준이다.

## 파4홀

파4홀이란 티잉 그라운드에서 그린까지의 거리가 251~470야드 이하(여성의 경우에는 211~400야드 이하)의 홀을 말하며, 파는 4이다. 파4홀에서는 티잉 그라운드로부터 2타에 볼을 그린에 올리고, 그린에서 2퍼트(2타)로 홀 아웃을 한다.

▌파4홀의 구성

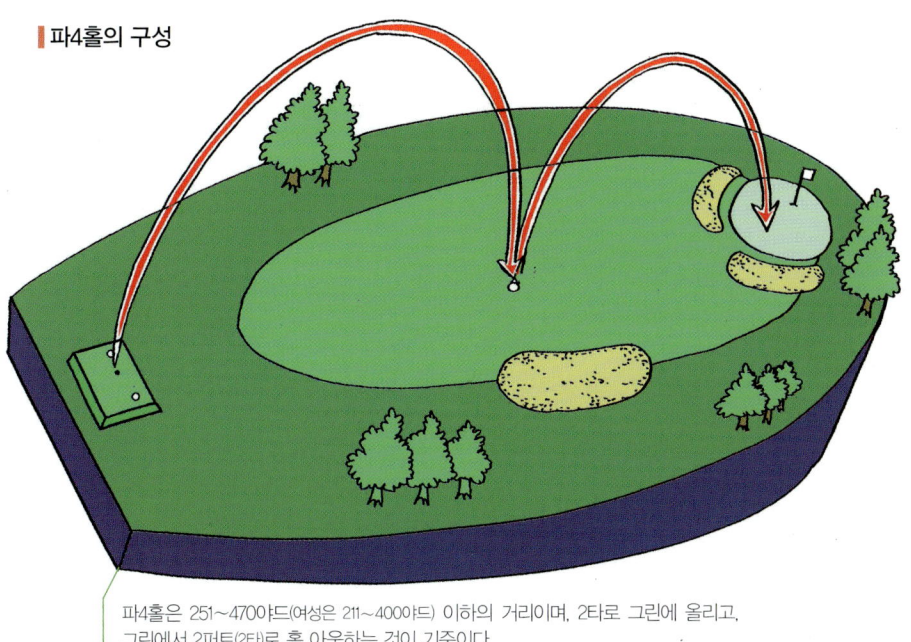

파4홀은 251~4700야드(여성은 211~4000야드) 이하의 거리이며, 2타로 그린에 올리고, 그린에서 2퍼트(2타)로 홀 아웃하는 것이 기준이다.

▌미터(m)와 야드(yd)의 관계 : 1m = 1.094yd ⇨ 1m ≒ 1.1yd

| 미터(m) | 10 | 20 | 30 | 40 | 50 | 60 | 70 | 80 | 90 | 100 | 150 | 200 |
|---|---|---|---|---|---|---|---|---|---|---|---|---|
| 야드(yd) | 11 | 22 | 33 | 44 | 55 | 66 | 77 | 88 | 99 | 110 | 155 | 220 |

※ 1m는 1.094yd이다. 따라서 10m는 10.94yd이고 100m는 109.4yd이지만, 거리 계산을 편하게 하기 위해 위 표에서는 1m를 1.1yd로 계산하였다.

### 파5홀

파5홀이란 티잉 그라운드에서 그린까지의 거리가 471야드 이상(여성의 경우에는 401~575야드)의 홀을 말하며, 파는 5이다. 파5홀에서는 티잉 그라운드로부터 3타에 볼을 그린에 올리고, 그린에서 2퍼트(2타)로 홀 아웃을 한다.

▎파5홀의 구성

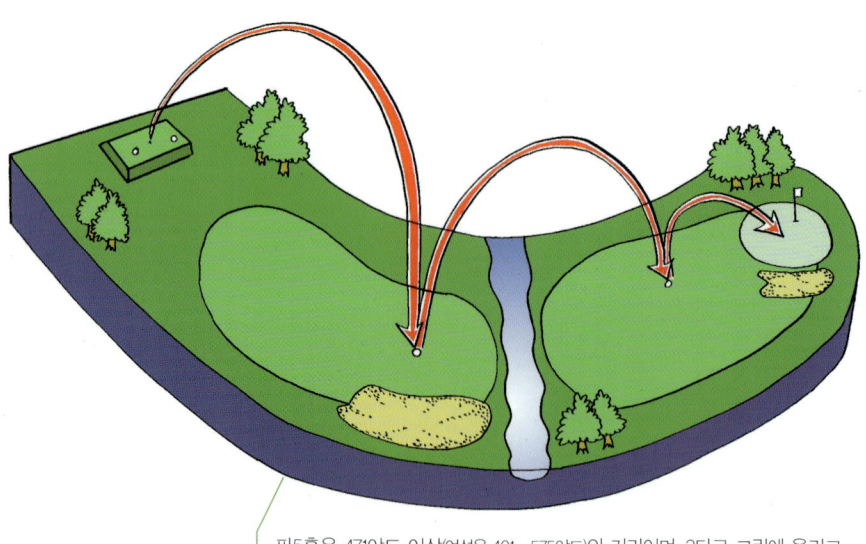

파5홀은 471야드 이상(여성은 401~5750야드)의 거리이며, 3타로 그린에 올리고 그린에서 2퍼트(2타)로 홀 아웃하는 것이 기준이다.

## 홀의 구조

홀은 아래 그림과 같이 티잉 그라운드Teeing Ground, OB 지역Out of Bound Area, 경기가 허용된 구역 이외의 장소, 스루 더 그린Through the Green, 해저드Hazard와 그린Green, 러프Rough 등으로 구성되어 있다.

### 홀의 구조

# 06 타수 부르는 명칭

파3, 파4, 파5 등 각 홀의 기준 타수를 '파Par'라고 부른다. 파보다 적거가 많은 타수로 홀 아웃을 했을 때 다음과 같은 명칭으로 타수를 부른다.

| 명칭 | 파 Par | 해설 |
|---|---|---|
| 알바트로스<br>Albatross | −3 | 파4홀 이상에서 파보다 3타 적은 타수로 홀 아웃을 하는 것. 파5홀에서 2타로 홀 아웃을 하는 것을 알바트로스라 하며, 장타 선수만 가능하다. |
| 이글<br>Eagle | −2 | 파보다 2타 적은 타수로 홀 아웃을 하는 것. 파5홀은 3타(예: 2온+1퍼트), 파4홀은 2타로 홀 아웃을 하는 것을 이글이라 한다.<br>파3홀은 1타로 넣어야 이글 스코어가 되지만, 이글이라고 하지 않고 홀인원이라고 한다. |
| 버디<br>Birdie | −1 | 파보다 1타 적은 타수로 홀 아웃을 하는 것. 파5홀은 4타, 파4홀은 3타, 파3홀은 2타로 각각 홀 아웃을 하면 버디가 된다. |
| 파<br>Par | 0 | 각 홀의 기준(기본) 타수로 홀 아웃을 하는 것. 파5홀은 5타, 파4홀은 4타, 파3홀은 3타로 홀 아웃을 하면 파가 된다. |
| 보기<br>Bogey | +1 | 파보다 1타 많은 타수로 홀 아웃을 하는 것. 1오버파라고도 한다. |
| 더블 보기<br>Double Bogey | +2 | 파보다 2타 많은 타수로 홀 아웃을 하는 것. 2오버파라고도 한다. |
| 트리플 보기<br>Triple Bogey | +3 | 파보다 3타 많은 타수로 홀 아웃을 하는 것. 3오버파라고도 한다. |
| 쿼드러플 보기<br>Quadruple Bogey | +4 | 파보다 4타 많은 타수로 홀 아웃을 하는 것. 4오버파라고도 한다. |
| 퀸튜플 보기<br>Quintuple Bogey | +5 | 파보다 5타 많은 타수로 홀 아웃을 하는 것. 5오버파라고도 한다. |
| 더블 파<br>Double Par | ×2 | 파의 2배 타수로 홀 아웃을 하는 것. 일반적으로 주말 골퍼들은 양파라고도 부르는데, 공식 용어는 아니다. |
| 홀인원<br>Hole in one | | 티잉 그라운드에서 친 볼이 한 번에 홀에 들어가는 것. 에이스라고도 한다. 파3홀 이외의 홀에서 홀인원이 나올 확률은 거의 희박하다. |
| 듀스<br>Deuce | | 1홀을 2타 만에 끝내는 것. 주로 미국에서 사용하는 용어이다. |

Part
03

# 첫 라운드 전에 꼭 알아야 할 에티켓

# 01 복장은 깃 달린 티셔츠에 긴 바지

### Question

내일 아침 처음으로 골프 코스에 나간다. 일기예보를 보니 날씨가 무척 더울 것이라고 해서 반바지를 입고 가려고 한다. 괜찮을까?

### Answer

복장에 대해서 따로 골프 규칙에 규정된 것은 없다. 그러나 깃 달린 티셔츠에 긴 바지를 입는 것이 관습慣習이자 불문율不文律이 되었다. 여름날 야간 골프장이나 리조트 코스에서는 깃 없는 티셔츠에 반바지 차림도 허용하지만, 공식 경기에서는 허용되지 않는다.

비가 올 것 같은 날씨에는 우산과 비옷도 준비한다.

깃 달린 티셔츠에 긴 바지를 입는다.

# 02 클럽은 14개 이내로

## Question

캐디 백(골프 백) 속에 클럽이 15개가 넘는데 라운드 때는 몇 개를 갖고 가야 하는가?

## Answer

라운드에서 사용할 클럽을 심사숙고하여 14개 이내로 선택해서 가져간다. 만약 14개를 초과하여 15개 이상을 가지고 라운드를 하면, 스트로크 플레이일 경우 초과한 홀마다 2벌타*가 부과되며, 그 이상을 가져가면 1홀마다 최고 4벌타까지 받을 수 있다. 따라서 클럽은 14개 이내로 선택해야 한다.

**클럽은 14개 이내**
- 스트로크 플레이* : 홀마다 2벌타. 최대 4벌타
- 매치 플레이* : 그 홀을 뺀다. 최대 2홀까지 뺀다.

---

* **스트로크 플레이**(Stroke Play)는 일반적으로 개인 스트로크 플레이 방식을 말한다. 개인 스트로크 플레이란 각 경기자가 한 개인으로서 플레이하는 경기를 말한다. 스트로크 플레이에서는 모든 스트로크(타수)를 합하여 최소 스트로크의 플레이어가 승자가 된다. 총 타수를 '그로스 스코어'라고 하고, 거기서 각자의 핸디캡을 뺀 타수를 '네트 스코어'라고 한다.

* **매치 플레이**(Match Play)란 2인 또는 2조로 나누어 서로 대항하여 플레이를 하는 경기를 말한다. 각 홀마다 스트로크(타수) 수가 작은 편을 승자로 하기에 '홀 매치'라고도 한다.

* **벌타**(Penalty Stroke)란 규칙에 의하여 플레이어 또는 그 편의 스코어에 가산加算되는 스트로크 수를 말한다.

# 볼은 넉넉하게 준비하고 볼에 **표시**해 둬야

## Question

모처럼 코스에 나간다고 생각하니 가슴이 뛴다. 볼은 어떻게 준비해야 하는가?

## Answer

분실구가 몇 개 나올지 예상할 수 없으므로 충분히 준비할 필요가 있다. 또한 동반 경기자*의 볼과 같은 회사의 제품이 있을 수 있으므로, 자기 볼에 이름을 쓴다거나 표시를 해 둔다.

표시를 해 두지 않아서 분실구가 되면 그에 대한 벌타는 자신에게 돌아온다.

볼 준비는 충분히하고 볼에 표시를 해 둔다.

---

\* 경기자(Competitor)란 스트로크 플레이의 플레이어를 말한다. 동반 경기자(Fellow-Competitor)란 경기자와 함께 플레이하는 사람을 말한다. 경기자와 동반 경기자는 서로 파트너가 아니다.

# 04 최소한 라운드 한 시간 전에는 도착해야

**Question**

스타트 시간에 늦으면 어떻게 되는가?

**Answer**

스타트 홀에서의 시간 엄수는 기본이다. 만일 티 오프 시간을 지키지 않으면 실격 처리된다. 정상적인 라운드를 즐기기 위해서는 준비하는 데만 최소한 시간 정도 걸린다. 따라서 한 시간 전에는 도착해야 한다.

첫째, 도착해서 골프백 내리고 옷 갈아입는 데 10분.

둘째, 경기자의 조건이나 로컬 룰을 알아보고 전략을 짜는 데 20분.

셋째, 준비운동과 감각을 위한 스윙 연습과 퍼팅 연습에 20분.

넷째, 티잉 그라운드에 대기하면서 동반 경기자들과 담소하는 데 10분이 걸린다.

라운드 한 시간 전에는 도착한다.

# 05 코스에서의 예의 1
# – 안전의 확인

## Question

안전의 확인이란 무엇을 말하는가?

## Answer

플레이어가 스트로크* 또는 연습 스윙을 하기 전에 클럽으로 다치게 할 만한 거리, 혹은 스트로크나 연습 스윙으로 볼·돌·자갈·나뭇가지 등이 날아가서 사람을 맞힐 우려가 있는지 확인하는 것을 말한다.

스트로크 또는 연습 스윙 전에 반드시 안전을 확인한다.

---

* 스트로크(Stroke)란 볼을 쳐서 움직이게 할 의사를 가지고 클럽을 앞 방향으로 움직이는 동작을 말한다. 그러나 클럽 헤드가 볼에 도달하기 전에 플레이어가 자발적으로 다운 스윙을 중지했다면 스트로크를 하지 않은 것이다.

# 06 코스에서의 예의 2
## – 다른 플레이어에 대한 배려

**Question**

다른 플레이어에 대한 배려란 무엇인가?

**Answer**

오너Honour, 스타트 홀의 티잉 그라운드에서 맨 처음 볼을 치는 플레이어의 권리를 인정하여 오너가 먼저 플레이하도록 하고, 플레이어가 볼에 어드레스Address, 플레이어가 스탠스를 취하고 클럽을 땅에 댔을 때를 말함하거나 볼을 치고 있는 동안에는 누구도 움직이거나 말을 해서는 안 된다. 볼 또는 홀의 근처나 바로 뒤에 서 있어도 안 된다.

또한 앞의 조組가 볼의 도달 거리 밖으로 나갈 때까지는 누구도 볼을 치지 않는다.

다른 플레이어가 볼에 어드레스할 때 움직이거나 말하지 않는다.

# 07 코스에서의 예의 3
## – 부당한 지연 금지

**Question**

부당한 지연 금지란 무엇인가?

**Answer**

코스에서 플레이를 할 때 속도에 대한 문제이다. 모든 사람을 위해 플레이어는 가급적 빠르게 플레이를 해야 한다. 볼을 찾다가 쉽게 찾지 못할 것이 분명해지면 뒤따르는 후속 조에게 패스하도록 신호를 해야 하며, 이때 5분 이상 볼을 찾아서는 안 된다.

패스를 받은 후속 조가 도달 거리 밖으로 나갈 때까지는 플레이를 재개해서는 안 된다. 한 홀의 플레이가 끝나면 플레이어는 즉시 퍼팅 그린*을 떠나야 한다.

한 홀의 플레이가 끝나면 재빨리 퍼팅 그린을 떠난다.

---

\* 퍼팅 그린(Putting Green)이란 현재 플레이하고 있는 홀에서 퍼팅을 위하여 특별히 마련된 모든 장소, 또는 위원회가 퍼팅 그린이라고 정한 모든 장소. 일반적으로 그린이라고 하면 퍼팅 그린을 말함.

# 08 코스의 선행권

**Question**

코스의 선행권先行權이란 무엇인가?

**Answer**

코스의 선행권이란, 2구(2인)로 플레이하는 조는 3구(3인) 또는 4구(4인)로 하는 조에 우선권이 있는 동시에 패스를 할 권리도 갖는 것을 말한다.

단독 플레이어는 아무 권리가 없으므로 2구 이상의 조에게 양보해야 한다.

1라운드보다 짧은 라운드를 하는 매치 플레이 조는 1라운드 전체 플레이를 하는 조에게 패스시켜야 한다.

2구 플레이 조에게 우선권이 있다.

# 09 코스의 보호

## Question

코스의 보호란 구체적으로 어떤 행동을 의미하는가?

## Answer

코스의 보호를 위해 플레이어는 다음의 여섯 가지 행동을 지켜야 한다.

첫째, 벙커를 나오기 전에 자기가 만든 구멍과 발자국을 평탄하게 만든다.

둘째, 스루 더 그린Through the Green, 티잉 그라운드·그린·해저드를 제외한 코스 내의 모든 지역에서 디보트Divot, 뜯겨진 잔디를 즉시 제자리에 놓고 발로 밟아 잔디를 원상태로 회복시킨다.

셋째, 퍼팅 그린 위의 볼 마크Ball Mark, 볼이 떨어진 충격으로 생긴 자국를 세심히 수리한다.

넷째, 한 조의 모든 플레이어가 그 홀의 경기를 마친 후에는 골프 신발의 스파이크로 생긴 퍼팅 그린 위의 손상을 수리한다.

다섯째, 플레이어는 컵 또는 깃대를 꽂을 때, 퍼팅 그린이 상하지 않도록

모든 플레이어는 코스가 상하지 않게 각별히 신경 써야 한다.

주의한다. 플레이어나 캐디가 홀의 가까이에 설 때, 깃대를 빼거나 꽂을 때, 볼을 컵에서 집어낼 때 홀이 상하지 않도록 조심한다. 깃대는 퍼팅 그린을 떠나기 전에 홀의 중심에 제대로 세워 놓는다. 특히 컵에서 볼을 집어 올릴 때 퍼트를 그린에 짚어서 퍼팅 그린을 상하게 하는 일이 없도록 한다.

여섯째, 연습 스윙을 할 때 디보트를 만들어 코스, 특히 티잉 그라운드를 상하게 하는 일이 없도록 주의한다.

## 디보트 복구하기

# 첫 라운드 전에 꼭 알아야 할 골프 용어

## 골프 용어

아래에 소개하는 골프 용어는 R&A Rules Limited와 USGA가 공동 제정해서 세계 공통으로 적용하며, 대한골프협회에서도 사용하고 있다.

필드에 나가는 골퍼들은 아래의 용어들을 꼭 알아야 한다. 처음 골프를 접하는 초보자들은 가볍게 한 번 읽어 본다. 이 용어들은 앞으로도 계속해서 나오므로 책을 자주 접하면 자연스럽게 익혀질 것이다.

## 골프 용어 익히기

| 용어 | 정의 |
| --- | --- |
| 1. 비정상적인 코스 상태<br>Abnormal Ground Conditions | • '비정상적인 코스 상태'란 캐주얼 워터·수리지 또는 구멍 파는 동물이나 파충류, 새들에 의하여 코스에 만들어진 구멍·쌓인 흙·통로를 말한다. |
| 2. 볼에 어드레스<br>Addressing the Ball | • 플레이어가 스탠스를 취하고 클럽을 땅에 댔을 때 '볼에 어드레스'를 한 것이다. 다만, 해저드 안에서는 플레이어가 스탠스를 취했을 때 볼에 어드레스를 한 것이다. |
| 3. 어드바이스<br>Advice | • '어드바이스'란 플레이어의 플레이에 관한 결단, 클럽의 선택, 또는 스트로크의 방법에 영향을 미칠 수 있는 조언이나 시사示唆를 말한다.<br><br>주註 : 규칙·거리·공지사항公知事項, 예를 들어 해저드의 위치나 퍼팅 그린 위의 깃대 위치에 관한 정보는 어드바이스가 아니다. |

| | |
|---|---|
| **4. 움직인 것으로 보는 볼**<br>Ball Deemed to Move | • '35. 움직인 또는 움직여진 볼' 참조 |
| **5. 홀에 들어간 볼**<br>Ball Holed | • '27. 홀에 들어가다' 참조 |
| **6. 분실된 볼**<br>Ball Lost | • '33. 분실구' 참조 |
| **7. 인플레이 볼**<br>Ball in Play | • 볼은 플레이어가 티잉 그라운드에서 스트로크하는 순간 '인플레이'가 된다. 그 볼은 분실되거나, 아웃 오브 바운드이거나, 집어 올려졌거나, 교체가 허용되든 안 되든 간에 다른 볼로 교체된 경우를 제외하고 홀 아웃을 할 때까지 인플레이 상태를 지속한다. 다만, 다른 볼로 교체된 경우 그 교체된 볼이 인플레이 볼이 된다.<br><br>• 플레이어가 한 홀의 플레이를 시작할 때 티잉 그라운드 밖에서 플레이를 하거나 또는 그 잘못을 시정하려고 다시 티잉 그라운드 밖에서 플레이를 한 경우 그 볼은 인플레이가 아니며, 규칙 11-4 또는 11-5가 적용된다. 그 이외의 인플레이 볼에는 플레이어가 다음 스트로크를 티잉 그라운드에서 하기로 하였거나 규칙에 따라 그곳에서 쳐야 할 때 티잉 그라운드 밖에서 플레이한 볼이 포함된다.<br><br>• 매치 플레이에서의 예외 : 인플레이 볼에는, 플레이어가 한 홀의 플레이를 시작할 때 티잉 그라운드 밖에서 플레이하였는데, 상대방이 규칙 11-4a에 따라서 스트로크를 취소하도록 요구하지 않으면 그 티잉 그라운드 밖에서 플레이한 볼이 포함된다. |
| **8. 베스트 볼**<br>Best-Ball | • '20. 매치 플레이 방식' 참조 |
| **9. 벙커**<br>Bunker | • '벙커'란 흔히 움푹 들어간 지역으로, 풀이나 흙이 제거되고 그 대신 모래 또는 이와 유사類似한 것을 넣어서 지면에 구역으로 조성한 해저드를 말한다.<br><br>• 뗏장을 쌓아 올린 면(풀로 덮여 있거나 흙만 있거나를 불문하고)을 포함하여 벙커의 지면 가장자리나 벙커 안에서 풀로 덮여 있는 지면은 벙커의 일부가 아니다. 풀로 덮여 있지 않은 벙커의 측벽이나 턱은 벙커의 일부다. 벙커의 한계는 수직 아래로 연장될 뿐 위로는 아니다.<br><br>• 볼이 벙커 안에 놓여 있거나 볼의 어느 일부가 벙커에 접촉하고 있을 경우 그 볼은 벙커 안에 있는 볼이다. |

| | |
|---|---|
| **10. 구멍 파는 동물**<br>Burrowing Animal | • '구멍 파는 동물'이란 토끼·두더지·마멋·땅다람쥐·도롱뇽 등과 같이 서식지나 은신처를 만들기 위하여 구멍을 파는 동물(벌레·곤충 또는 이와 유사한 것을 제외한)을 말한다.<br><br>주註 : 구멍 파는 동물이 아닌 동물(예를 들면, 개)이 만든 구멍은 수리지로 표시하거나 수리지로 선언하지 않는 한 비정상적인 코스 상태가 아니다. |
| **11. 캐디**<br>Caddie | • '캐디'란 규칙에 따라서 플레이어를 원조하는 사람을 말하며, 여기에는 플레이를 하는 동안 플레이어의 클럽을 운반하거나 취급하는 일이 포함될 수 있다.<br><br>• 한 명의 캐디를 두 명 이상의 플레이어가 공용共用한 경우, 그 캐디는 볼(또는 파트너의 볼)과 관련된 문제가 일어났을 때 항상 그 볼의 소유자의 캐디로 간주看做하며, 캐디가 운반하고 있는 휴대품도 그 플레이어의 휴대품으로 간주한다.<br><br>• 다만, 캐디가 다른 플레이어(또는 다른 플레이어의 파트너)의 특별한 지시에 의하여 행동한 경우에는 지시한 그 플레이어의 캐디로 본다. |
| **12. 캐주얼 워터**<br>Casual Water | • '캐주얼 워터'란 워터 해저드 안에 있지 않으며, 플레이어가 스탠스를 취하기 전 또는 취한 후에 볼 수 있는 코스 위에 일시적으로 고인 물을 말한다. 서리霜 이외의 눈雪과 천연 얼음氷은 플레이어의 선택에 따라서 캐주얼 워터 또는 루스 임페디먼트로 취급할 수 있다. 인공 얼음은 장애물이다. 이슬露과 서리는 캐주얼 워터가 아니다.<br><br>• 볼이 캐주얼 워터 안에 놓여 있거나 볼의 어느 일부가 캐주얼 워터에 접촉하고 있는 경우 그 볼은 캐주얼 워터 안에 있는 볼이다. |
| **13. 위원회**<br>Committee | • '위원회'란 경기를 관리하는 위원회를 말하며, 경기에 관한 문제가 아닌 경우에는 코스를 관리하는 위원회를 말한다. |
| **14. 경기자**<br>Competitor | • '경기자'란 스트로크 플레이 경기의 플레이어를 말한다. '동반 경기자'란 경기자와 함께 플레이하는 사람을 말하며, 이들은 서로 파트너가 아니다.<br><br>• 포섬과 포볼 스트로크 플레이 경기에서는, 문맥상 그와 같이 인정되면 '경기자' 또는 '동반 경기자'라는 용어에 그의 파트너가 포함된다. |
| **15. 코스**<br>Course | • '코스'란 위원회가 설정한 모든 경계선 이내에 있는 전 지역을 말한다. (규칙 33-2 참조) |

| | |
|---|---|
| **16. 휴대품**<br>Equipment | • '휴대품'이란 플레이어가 사용·착용 또는 휴대하거나, 플레이어를 위하여 그의 파트너나 그들의 캐디가 휴대하는 모든 물건을 말하며, 현재 플레이하고 있는 홀에서 플레이 중인 볼, 그리고 볼 위치나 볼을 드롭할 장소의 범위를 마크하기 위하여 사용되고 있는 동전이나 티와 같은 작은 물건은 휴대품이 아니다. 휴대품에는 동력식인가 아닌가에 관계없이 골프 카트가 포함된다.<br><br>주註 1 : 현재 플레이하고 있는 홀에서 플레이 중인 볼도 집어 올려진 후 다시 인플레이로 되지 않았을 경우 그 볼은 휴대품이다.<br><br>주註 2 : 골프 카트를 2명 이상의 플레이어가 공용하고 있을 때 그 카트와 그 안에 실려 있는 모든 것은 그 카트를 공용하고 있는 플레이어 중 한 명의 휴대품으로 간주한다. 카트를 공용하고 있는 플레이어 중 한 명(또는 플레이어 중 한 명의 파트너)이 그 카트를 움직이고 있을 경우 그 카트와 그 안에 실려 있는 모든 것은 그 플레이어의 휴대품으로 간주한다. 그 이외의 경우에는 볼(또는 파트너의 볼과 관련된 문제가 일어났을 때 그 카트와 그 안에 실려 있는 모든 것은 카트를 공용하고 있는 그 플레이어의 휴대품으로 간주한다. |
| **17. 동반 경기자**<br>Fellow-Competitor | • '14. 경기자' 참조 |
| **18. 깃대**<br>Flagstick | • '깃대'란 홀의 위치를 표시하기 위하여 깃발 또는 다른 물건을 달거나 달지 않은 채 홀의 중심에 똑바로 세워 둔, 움직일 수 있는 표시물을 말한다. 깃대의 단면은 원형이어야 한다. 볼의 움직임에 부당한 영향을 미칠지도 모르는 충전물充塡物이나 충격 흡수 물질의 사용은 금지된다. |
| **19. 포어 캐디**<br>Fore caddie | • '포어 캐디'란 플레이하는 동안 볼의 위치를 플레이어에게 가르쳐 주기 위하여 위원회가 배치한 사람을 말하며, 그는 국외자이다. |
| **20. 매치 플레이 방식**<br>Forms of Match Play | • **싱글** : 한 명이 다른 한 명에 대항하여 플레이하는 매치를 말한다.<br><br>• **스리섬** : 한 명이 다른 두 명에 대항하여 플레이하며, 각 편은 한 개의 볼로 플레이하는 매치를 말한다.<br><br>• **포섬** : 두 명이 다른 두 명에 대항하여 플레이하며, 각 편은 한 개의 볼로 플레이하는 매치를 말한다.<br><br>• **스리볼** : 세 명이 서로 대항하여 각자의 볼을 플레이하는 매치 플레이 경기를 말한다. 각 플레이어는 두 개의 별개 매치를 동시에 하는 것이다.<br><br>• **베스트볼** : 한 명이 다른 두 명 중 스코어가 더 좋은 사람과 대항하거나 다른 세 명 중 스코어가 가장 좋은 사람과 대항하여 플레이하는 매치를 말한다.<br><br>• **포볼** : 두 명 중 스코어가 더 좋은 사람이 다른 두 명 중 스코어가 더 좋은 사람에 대항하여 플레이하는 매치를 말한다. |

| | |
|---|---|
| **21. 스트로크 플레이 방식**<br>Forms of Stroke Play | • **개인** : 각 경기자가 한 개인으로서 플레이하는 경기를 말한다.<br><br>• **포섬** : 두 명의 경기자가 파트너로서 한 개의 볼을 플레이하는 경기를 말한다.<br><br>• **포볼** : 두 명의 경기자가 파트너로서 플레이하며, 각자는 자기 볼을 플레이하는 경기를 말한다. 파트너들이 낸 스코어 중에서 더 적은 스코어가 그 홀의 스코어가 된다. 한 명의 파트너가 한 홀의 플레이를 끝마치지 않은 경우에도 벌이 없다.<br><br>주註 : 보기·파 및 스테이블포드 경기에 관해서는 규칙 32-1을 참조한다. |
| **22. 포볼**<br>Four-Ball | • '20. 매치 플레이 방식' 및 '21. 스트로크 플레이 방식' 참조 |
| **23. 포섬**<br>Foursome | • '20. 매치플레이방식' 및 '21. 스트로크 플레이 방식' 참조 |
| **24. 수리지**<br>Ground Under Repair | • '수리지修理地'란 위원회의 지시에 의하여 수리지로 표시되거나 위원회로부터 권한을 위임받은 사람에 의하여 수리지로 선언된 코스의 일부 구역을 말한다. 수리지 안에 있는 모든 지면과 풀·관목·나무 또는 기타 생장물生長物은 수리지의 일부분이다.<br><br>• 수리지에는 그 표시가 없어도 다른 곳으로 옮기기 위하여 쌓아 놓은 물건과 그린 키퍼가 만든 구멍이 포함된다. 다른 곳으로 옮길 의사가 없이 방치放置되어 있는 깎아 놓은 풀과 기타 코스 위에 남겨 놓은 물건은 그 표시가 없는 한 수리지가 아니다.<br><br>• 수리지의 한계가 말뚝으로 정해졌을 때 그 말뚝은 수리지 안에 있는 것으로 하며, 수리지의 한계는 말뚝의 지표면에 접한 가장 가까운 수리지 바깥쪽 지점들에 의하여 정해진다.<br><br>• 수리지를 표시하기 위하여 말뚝과 선 양쪽을 사용한 경우 말뚝은 수리지라는 것을 확인하고, 선은 수리지의 한계를 정한다. 수리지의 한계가 선으로 지상에 정해졌을 때 그 선 자체는 수리지 안에 있는 것이다. 수리지의 한계는 수직 아래로 연장될 뿐 위로는 아니다. 볼이 수리지 안에 놓여 있거나 볼의 어느 일부가 수리지에 접촉하고 있는 경우 그 볼은 수리지 안에 있는 볼이다. 수리지의 한계를 정하기 위하여 또는 수리지라는 것을 확인하기 위하여 사용한 말뚝은 장애물이다.<br><br>주註 : 위원회는 수리지에서 또는 수리지로 정해진 환경상 취약 지역에서 플레이를 금지하는 로컬 룰을 제정할 수 있다. |
| **25. 해저드**<br>Hazards | • '해저드'란 모든 벙커 또는 워터 해저드를 말한다. |

| 26. 홀<br>Hole | • '홀'의 직경은 4.25인치(108mm)여야 하며 깊이는 4인치(101.6mm) 이상이어야 한다. 원통을 사용할 경우 그 원통은 토질이 허용하는 한 퍼팅 그린 면에서 적어도 1인치(25.4mm) 아래로 묻어야 한다. 또 원통의 외경外徑은 4.25인치(108mm)를 초과해서는 안 된다. |
|---|---|
| 27. 홀에 들어가다<br>Holed | • 볼이 홀의 원둘레 안에 정지해 있으며 볼 전체가 홀 가장자리보다 아래에 있을 때 그 볼은 '홀에 들어갔다'고 말한다. |
| 28. 오너<br>Honour | • 티잉 그라운드에서 가장 먼저 플레이하는 플레이어가 '오너'를 갖는다고 한다. |
| 29. 래터럴 워터 해저드<br>Lateral Water Hazard | • '래터럴 워터 해저드'란 규칙 26-1b에 따라서 그 워터 해저드 후방에 볼을 드롭하기가 불가능하거나 위원회가 실행 불가능하다고 인정한 위치에 있는 워터 해저드 또는 그 일부를 말한다. 래터럴 워터 해저드의 한계 안에 있는 모든 지면과 물은 그 래터럴 워터 해저드의 일부이다.<br><br>• 래터럴 워터 해저드의 한계가 말뚝으로 정해졌을 때 그 말뚝은 래터럴 워터 해저드 안에 있는 것으로 치며, 래터럴 워터 해저드의 한계는 말뚝의 지표면에 접한 가장 가까운 래터럴 워터 해저드 바깥쪽 지점들에 의하여 정해진다. 래터럴 워터 해저드를 표시하기 위하여 말뚝과 선 양쪽을 사용한 경우 말뚝은 래터럴 워터 해저드라는 것을 확인하고 선은 래터럴 워터 해저드의 한계를 정한다. 래터럴 워터 해저드의 한계가 선으로 지상에 정해졌을 때 그 선 자체는 래터럴 워터 해저드 안에 있는 것이다. 래터럴 워터 해저드의 한계는 수직 위와 아래로 연장된다.<br><br>• 볼이 래터럴 워터 해저드 안에 놓여 있거나 볼의 어느 일부가 래터럴 워터 해저드에 접촉하고 있는 경우 그 볼은 래터럴 워터 해저드 안에 있는 볼이다. 래터럴 워터 해저드의 한계를 정하기 위하여, 또는 래터럴 워터 해저드라는 것을 확인하기 위하여 사용한 말뚝은 장애물이다.<br><br>주註 1 : 워터 해저드의 일부를 래터럴 워터 해저드로 할 때는 그 부분은 명확히 표시해 두지 않으면 안 된다. 래터럴 워터 해저드의 한계를 정하기 위하여, 또는 래터럴 워터 해저드라는 것을 확인하기 위하여 사용한 말뚝이나 선은 반드시 적색이어야 한다.<br><br>주註 2 : 위원회는 래터럴 워터 해저드로 정해진 환경상 취약 지역에서 플레이를 금지하는 로컬 룰을 제정할 수 있다.<br><br>주註 3 : 위원회는 래터럴 워터 해저드를 워터 해저드로 정할 수 있다. |
| 30. 플레이 선線<br>Line of Play | • '플레이 선'이란 플레이어가 볼을 쳐서 보내고자 하는 방향을 말하며, 의도하는 그 방향 양쪽의 적절한 넓이를 포함한다. 플레이 선은 지면에서 수직 위로 연장되지만 홀을 넘어 연장되지 않는다. |

| | |
|---|---|
| **31. 퍼트 선**線<br>Line of Putt | • '퍼트 선'이란 퍼팅 그린에서 플레이어가 볼을 쳐서 보내고자 하는 선을 말한다. 규칙 16-1e에 관한 경우를 제외하고, 퍼트 선은 플레이어가 의도하는 그 선 양쪽의 적절한 넓이를 포함한다. 퍼트 선은 홀을 넘어 연장되지 않는다. |
| **32. 루스 임페디먼트**<br>Loose impediments | • '루스 임페디먼트'란 자연물로서<br>　-고정되어 있지 않고, 생장하지 않으며<br>　-땅에 단단히 박혀 있지 않고<br>　-볼에 달라붙어 있지 않은 것으로, 다음의 것들이 포함된다. 즉<br>　-돌·나뭇잎·나무의 잔가지·나뭇가지, 그리고 이와 유사한 것<br>　-동물의 똥<br>　-벌레, 곤충 및 이와 유사한 것들, 그리고 그것들이 파낸 쌓인 흙과 퇴적물堆積物 등이다.<br><br>• 모래와 흩어진 흙은 퍼팅 그린에 있을 때에는 루스 임페디먼트이나 다른 곳에 있을 때에는 아니다. 서리霜 이외의 눈雪과 천연 얼음氷은 플레이어의 선택에 따라서 캐주얼 워터 혹은 루스 임페디먼트로 취급할 수 있다.<br><br>• 이슬露과 서리는 루스 임페디먼트가 아니다. |
| **33. 분실구**<br>Lost Ball | • 다음과 같은 경우에는 볼이 '분실'된 것으로 간주한다.<br>　**a.** 플레이어, 플레이어 편 또는 이들의 캐디가 볼을 찾기 시작하여 5분 이내에 볼이 발견되지 않거나 플레이어가 자신의 볼임을 확인하지 못하였을 때<br>　**b.** 플레이어가 원구가 있을 것으로 생각되는 장소에서 또는 그 장소보다 홀에 더 가까운 지점에서 잠정구를 스트로크했을 때(규칙 27-2b 참조)<br>　**c.** 플레이어가 규칙 26-1a, 27-1 또는 28a에 의하여 스트로크와 거리의 벌을 받고 다른 볼을 인플레이로 했을 때<br>　**d.** 발견되지 않은 볼이 국외자에 의하여 움직였거나(규칙 18-1 참조), 장애물(규칙 24-3 참조) 안에 있거나, 비정상적인 코스 상태(규칙 25-1c 참조) 안에, 또는 워터 해저드(규칙 26-1b 또는 26-1c 참조) 안에 있다는 것을 알고 있거나, 사실상 확실하기 때문에 플레이어가 다른 볼을 인플레이로 했을 때<br>　**e.** 플레이어가 교체한 볼을 스트로크했을 때<br><br>• 오구誤球를 플레이하는 데 보낸 시간은 찾기 위하여 허용된 5분 내에 포함되지 않는다. |
| **34. 마커**<br>Marker | • '마커'란 스트로크 플레이에서 경기자의 스코어를 기록하도록 위원회가 임명한 사람을 말하며, 동반 경기자도 마커가 될 수 있다. 마커는 심판원審判員이 아니다. |

| 35. 움직인 또는 움직여진 볼  Move or Moved | • 볼이 있는 위치를 떠나서 다른 장소에 가서 정지하였을 때 그 볼은 '움직인' 것으로 본다. |
|---|---|
| 36. 가장 가까운 구제 지점  Nearest Point of Relief | • '가장 가까운 구제 지점'이란 움직일 수 없는 장애물(규칙 24-2), 비정상적인 코스 상태(규칙 25-1), 또는 다른 퍼팅 그린(규칙 25-3)에 의한 방해로부터 벌 없이 구제를 받을 때의 기점基點을 말한다.  • 가장 가까운 구제 지점은 볼이 놓여 있는 곳에 가장 가까운 코스 위의 한 지점으로  – 홀에 더 가깝지 않고,  – 구제를 받고자 하는 상태가 그곳에 없었다면 플레이어가 볼이 있는 원위치에서 스트로크하는 것과 똑같이 방해를 받지 않고 스트로크할 수 있는 곳이다.  주註 : 가장 가까운 구제 지점을 정확히 결정하기 위해서는 다음 스트로크를 위한 어드레스 자세를 취하고 치는 방향을 잡아 스윙을 해 보면서, 만일 구제를 받고자 하는 그런 상태가 그곳에 없었다면 사용했을 클럽을 사용하여야 한다. |
| 37. 업저버  Observer | • '업저버'란 사실에 관한 문제의 재정裁定에 관하여 심판원을 보조補助하며 어떤 규칙 위반도 심판원에게 보고하도록 위원회가 임명한 사람을 말한다.  • 업저버는 깃대에 붙어 시중들거나, 홀 위치에 서거나 그 위치를 표시하거나, 또는 볼을 집어 올려 그 위치를 마크해서는 안 된다. |
| 38. 장애물  Obstructions | • '장애물'이란 모든 인공물人工物로써 도로와 통로의 인공 표면과 측면, 그리고 제조된 얼음을 포함한다. 다만, 다음의 것은 제외된다.  a. 아웃 오브 바운드를 표시하는 것으로 벽壁, 담, 말뚝 및 울타리와 같은 물체  b. 아웃 오브 바운드에 있는 움직일 수 없는 인공 물체의 모든 부분  c. 위원회가 코스와 분리될 수 없는 부분이라고 선언한 모든 건조물建造物. 무리한 노력을 들이지 않고, 플레이를 부당하게 지연시키지 않으며, 손상을 입히지 않고 옮길 수 있는 장애물은 움직일 수 있는 장애물이다. 그렇지 않은 경우는 움직일 수 없는 장애물이다.  주註 : 위원회는 움직일 수 있는 장애물을 움직일 수 없는 장애물로 선언하는 로컬 룰을 제정할 수 있다. |
| 39. 상대방  Opponent | • '상대방'이란 매치 플레이에서 한 플레이어의 편이 대항하여 경기하고 있는 다른 편의 한 플레이어를 말한다. |

| 40. 아웃 오브 바운드 Out of Bounds | • '아웃 오브 바운드'란 코스의 한계를 넘어선 장소, 또는 위원회가 그렇게 표시한 코스의 일부를 말한다. 아웃 오브 바운드가 말뚝이나 울타리를 기준으로, 또는 말뚝이나 울타리를 넘어선 쪽으로 정해진 경우 그 아웃 오브 바운드의 선은 말뚝이나 울타리 기둥(지주支柱를 제외한)의 지표면에 접한 가장 가까운 코스 안쪽 지점에 의하여 결정된다. 아웃 오브 바운드를 표시하기 위하여 말뚝과 선 양쪽을 사용한 경우 말뚝은 아웃 오브 바운드라는 것을 확인하고, 선은 아웃 오브 바운드의 한계를 정한다. 아웃 오브 바운드가 선으로 지상에 정해졌을 때 그 선 자체는 아웃 오브 바운드이다. 아웃 오브 바운드의 선은 수직 위와 아래로 연장된다.

• 볼 전체가 아웃 오브 바운드에 놓여 있는 경우 그 볼은 아웃 오브 바운드 볼이다.

• 플레이어는 인 바운드에 있는 볼을 플레이하기 위하여 아웃 오브 바운드에 설 수 있다.

• 벽·담·말뚝·울타리와 같이 아웃 오브 바운드를 정하는 것들은 장애물이 아니며 고정물固定物로 간주한다. 아웃 오브 바운드라는 것을 표시하는 말뚝은 장애물이 아니며 고정물로 간주한다.

주註 1 : 아웃 오브 바운드를 정하기 위하여 사용한 말뚝이나 선은 백색이어야 한다.

주註 2 : 위원회는 아웃 오브 바운드라는 것을 나타내고 있으나 아웃 오브 바운드의 한계를 정하고 있지 않은 말뚝은 장애물이라는 것을 선언하는 로컬 룰을 제정할 수 있다. |
|---|---|
| 41. 국외자局外者 Outside Agency | • 매치 플레이에서 '국외자'란 플레이어나 상대편, 어느 한 편에 속한 캐디, 현재 플레이하고 있는 홀에서 어느 한 편이 플레이한 볼, 또는 어느 한 편의 휴대품을 제외한 모든 사람과 사물을 말한다.

• 스트로크 플레이에서 국외자란 경기자 편, 경기자 편에 속한 캐디, 현재 플레이하고 있는 홀에서 경기자 편이 플레이한 볼, 또는 경기자 편의 휴대품을 제외한 모든 사람과 사물을 말한다.

• 국외자에는 심판원·마커·업저버 그리고 포어 캐디가 포함된다. 바람과 물은 국외자가 아니다. |
| 42. 파트너 Partner | • '파트너'란 같은 편에서 자신과 한편이 된 플레이어를 말한다.

• 스리섬·포섬·베스트볼 또는 포볼 플레이에서는, 문맥상文脈上 그와 같이 인정되면, '플레이어'라는 용어에 그의 파트너 또는 파트너들이 포함된다. |

| | |
|---|---|
| **43. 벌타**<br>Penalty Stroke | • '벌타'란 해당 규칙에 의하여 플레이어 또는 그 편의 스코어에 가산加算되는 스트로크 수를 말한다.<br><br>• 스리섬과 포섬의 경우 벌타는 플레이어의 플레이 순서에 영향을 미치지 않는다. |
| **44. 잠정구**暫定球<br>Provisional Ball | • '잠정구'란 볼이 워터 해저드 밖에서 분실될 염려가 있거나 아웃 오브 바운드가 될 염려가 있을 때 규칙 27-2에 의하여 플레이하는 볼을 말한다. |
| **45. 퍼팅 그린**<br>Putting Green | • '퍼팅 그린'이란 현재 플레이하고 있는 홀에서 퍼팅을 위하여 특별히 마련된 모든 장소, 또는 위원회가 퍼팅 그린이라고 정한 모든 장소를 말한다.<br><br>• 볼의 어느 일부가 퍼팅 그린에 접촉하고 있는 경우 그 볼은 퍼팅 그린에 있는 볼이다. |
| **46. R&A** | • 'R&A'는 R&A 규칙 유한회사有限會社를 의미한다. |
| **47. 심판원**<br>Referee | • '심판원'이란 사실에 관한 문제를 재정裁定하고 규칙을 적용하기 위하여 위원회가 임명한 사람을 말한다. 심판원은 그가 목격하거나 보고받은 모든 규칙 위반에 대해서 조치를 취하지 않으면 안 된다.<br><br>• 심판원은 깃대에 붙어 시중들거나, 홀 위치에 서거나, 그 위치를 표시하거나, 또는 볼을 집어 올리거나, 그 위치를 마크해서는 안 된다.<br><br>• 매치 플레이에서 예외 : 심판원이 매치에서 플레이어들과 동행하도록 지정되지 않는 한 심판원은 규칙 1-3, 6-7, 또는 33-7에 관련된 경우 이외에는 간섭할 권한이 없다. |
| **48. 럽 오브 더 그린**<br>Rub of the Green | • '럽 오브 더 그린'이란 움직이고 있는 볼이 우연히 국외자에 의하여 방향이 변경되거나 정지된 경우를 말한다. (규칙 19-1 참조) |
| **49. 규칙**<br>Rule or Rules | • '규칙'이란 용어는 다음의 내용을 포함한다.<br>  a. 골프 규칙과 골프 규칙 재정에 포함된 해석<br>  b. 규칙 33-1 및 부속 규칙 I에 의하여 위원회가 정한 모든 경기 조건<br>  c. 규칙 33-8a 및 부속 규칙 I에 의하여 위원회가 제정한 모든 로컬 룰<br>  d. 다음에 수록된 규격, 즉:<br>    ( i ) 부속 규칙 II 및 III의 클럽과 볼, 그리고 '클럽과 볼의 규칙에 대한 안내서'에 포함된 해석<br>    ( ii ) 부속 규칙 VI의 기기器機 및 다른 장비 |

| 50. 편 <br> Side | • '편便'이란 한 명의 플레이어 또는 파트너인 두 명 이상의 플레이어들을 말한다. 매치 플레이에서 상대하고 있는 편의 각 플레이어는 상대방이다. 스트로크 플레이에서 모든 편에 속한 플레이어들은 경기자들이며, 다른 편에 속해 있으면서 함께 플레이하는 플레이어들은 동반 경기자들이다. |
|---|---|
| 51. 싱글 <br> Single | • '20. 매치 플레이 방식' 및 '21. 스트로크 플레이 방식' 참조 |
| 52. 스탠스 <br> Stance | • 플레이어가 스트로크하기 위하여 발의 위치를 정하고 섰을 때 '스탠스'를 취한 것으로 한다. |
| 53. 정규 라운드 <br> Stipulated Round | • '정규 라운드'는 위원회가 따로 허용한 경우를 제외하고 올바른 홀 순서에 따라 코스의 여러 홀을 플레이하는 것으로 이루어진다. <br> • 정규 라운드의 홀 수는 위원회가 18홀보다 더 적은 홀 수를 허용한 경우를 제외하고 18홀이다. 매치 플레이에서 정규 라운드의 연장에 관해서는 규칙 2-3을 참조한다. |
| 54. 스트로크 <br> Stroke | • '스트로크'란 볼을 쳐서 움직이게 할 의사를 가지고 클럽을 앞 방향으로 움직이는 동작을 말한다. 그러나 클럽 헤드가 볼에 도달하기 전에 플레이어가 자발적으로 다운 스윙을 중지했을 경우 그 플레이어는 스트로크를 하지 않은 것이다. |
| 55. 교체한 볼 <br> Substituted Ball | • '교체한 볼'이란 인플레이 볼·분실구·아웃 오브 바운드 볼, 또는 집어 올려진 원구 대신에 인플레이로 한 볼을 말한다. |
| 56. 티잉 그라운드 <br> Teeing Ground | • '티잉 그라운드'란 플레이할 홀의 출발 장소를 말한다. 티잉 그라운드는 두 개의 티 마커 바깥쪽 한계限界로 전면과 측면이 정해지며, 측면의 길이가 2클럽 길이인 직사각형으로 된 구역이다. <br> • 볼 전체가 티잉 그라운드 밖에 놓여 있는 경우 그 볼은 티잉 그라운드 밖에 있는 볼이다. |
| 57. 스리볼 <br> Three-Ball | • '20. 매치 플레이 방식' 참조 |
| 58. 스리섬 <br> Threesome | • '20. 매치 플레이 방식' 참조 |

| 59. 스루 더 그린<br>Through the Green | • '스루 더 그린'이란 다음과 같은 것을 제외한 코스의 전 지역을 말한다.<br>　a. 현재 플레이하고 있는 홀의 티잉 그라운드와 퍼팅 그린<br>　b. 코스 안에 있는 모든 해저드 |
|---|---|
| 60. 워터 해저드<br>Water Hazard | • '워터 해저드'란 코스 안의 모든 바다·호수·연못·하천·도랑·표면 배수로·또는 뚜껑이 없는 수로(水路, 물이 있고 없고를 불문하고), 그리고 이와 유사한 상태의 것을 말한다. 워터 해저드의 한계 안에 있는 모든 지면과 물은 그 워터 해저드의 일부다.<br><br>• 워터 해저드의 한계가 말뚝으로 정해졌을 때 그 말뚝은 워터 해저드 안에 있는 것으로 하며, 워터 해저드의 한계는 말뚝의 지표면에 접한 가장 가까운 워터 해저드 바깥쪽 지점들에 의하여 정해진다. 워터 해저드를 표시하기 위하여 말뚝과 선 양쪽을 사용한 경우 말뚝은 워터 해저드라는 것을 확인하고, 선은 워터 해저드의 한계를 정한다. 워터 해저드의 한계가 선으로 지상에 정해졌을 때 그 선 자체는 워터 해저드 안에 있는 것이다. 워터 해저드의 한계는 수직 위와 아래로 연장된다.<br><br>• 볼이 워터 해저드 안에 놓여 있거나, 볼의 어느 일부가 워터 해저드에 접촉하고 있는 경우 그 볼은 워터 해저드 안에 있는 볼이다. 워터 해저드의 한계를 정하기 위하여, 또는 워터 해저드라는 것을 확인하기 위하여 사용한 말뚝은 장애물이다.<br><br>　주註 1 : 워터 해저드의 한계를 정하기 위하여, 또는 워터 해저드라는 것을 확인하기 위하여 사용한 말뚝이나 선은 반드시 황색이어야 한다.<br><br>　주註 2 : 위원회는 워터 해저드로 정해진 환경상 취약 지역에서 플레이를 금지하는 로컬 룰을 제정할 수 있다. |
| 61. 오구<br>Wrong Ball | • '오구誤球'란 다음과 같은 플레이어의 볼 이외의 모든 볼을 말한다.<br>　− 인플레이볼<br>　− 잠정구<br>　− 스트로크 플레이에서 규칙 3-3 또는 20-7c에 의하여 플레이한 제<br>　　2의 볼<br><br>그리고 오구에는 다음과 같은 볼이 포함된다.<br>　−다른 플레이어의 볼<br>　−버려진 볼<br>　−더 이상 인플레이 볼이 아닌 플레이어의 원구<br><br>　주註 : 인플레이 볼에는 볼 교체가 허용되든 안 되든 간에 인플레이 볼을 다른 볼로 교체했으면 그 교체한 다른 볼도 포함된다. |
| 62. 다른 퍼팅 그린<br>Wrong Putting Green | • '다른 퍼팅 그린'이란 현재 플레이하고 있는 홀의 퍼팅 그린 이외의 퍼팅 그린을 말한다. 위원회가 따로 규정한 경우를 제외하고 다른 퍼팅 그린이라는 용어에 코스의 연습용 퍼팅 그린이나 연습용 피칭 그린이 포함된다. |

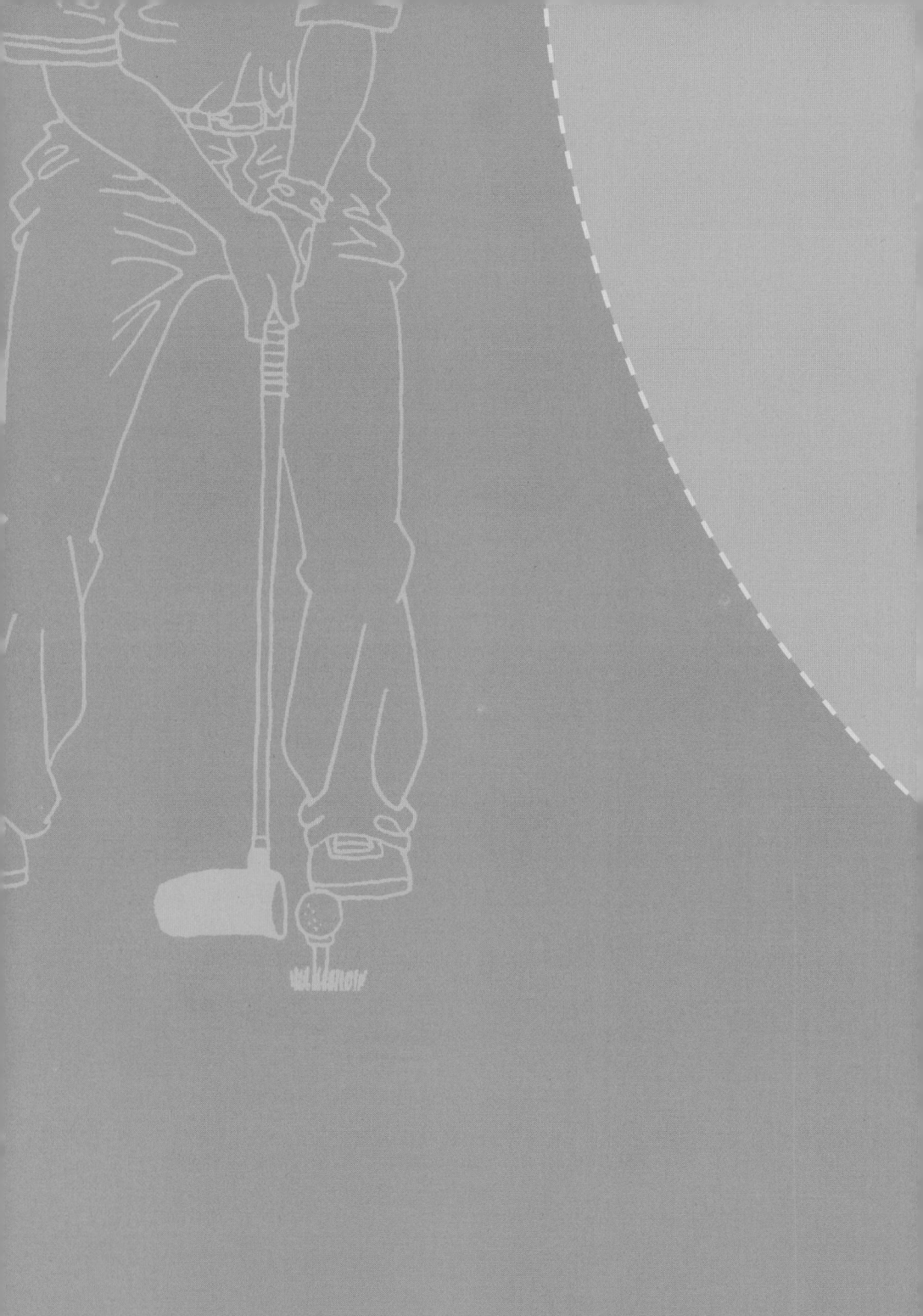

# 2 티잉 그라운드

Part 01

# 티잉 그라운드에서의 에티켓

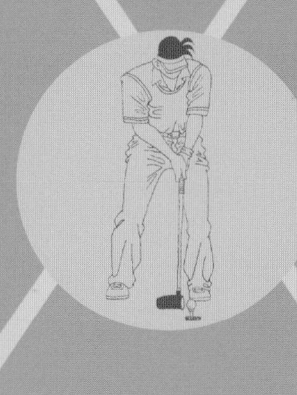

# 01 티 샷 순서 정하기

### 스타트 10분 전에 집합해서 볼 확인하기

티 오프 10분 전까지 스타트 홀의 티잉 그라운드 앞에 집합하여, 각자 자신이 사용할 볼을 서로에게 보여 주면서 '저는 ○○사의 ○번 공을 사용합니다' 하며 확인한다. 이렇게 하면 라운드 중에 같은 방향으로 볼이 날아가더라도 다른 플레이어의 볼을 치는 실수를 방지할 수 있다.

### 타순 결정하기

볼을 확인한 후 티잉 그라운드에서의 타순은 제비뽑기로 결정한다. 스타트 홀의 티잉 그라운드 옆에는 금속 봉으로 만들어진 추첨 제비가 준비되어 있다.

1번 제비를 뽑아서 티잉 그라운드에서 맨 처음으로 볼을 치는 플레이어를 '오너Honour'라고 하며, '명예로운 사람'이라는 뜻이다. 제비를 뽑아서 타순을 결정하는 것은 스타트 홀에서만 시행하며, 2번 홀부터는 앞 홀에서의 성적 순서대로 볼을 친다. 다만, 성적이 같은 경우 순서는 변하지 않는다.

제비를 뽑아서 타순을 결정하는 것은 스타트 홀에서만 한다.

# 티잉 그라운드의 종류와 티잉 구역

티잉 그라운드란 홀에서 제1타를 치는 장소로 출발점이 되며, 티잉 그라운드에는 티 샷을 치는 사람만 들어간다. 통상 티잉 그라운드는 페어웨이보다 높게 올라온 구조이다. 티잉 그라운드에서 티 샷을 하는 범위는 티 마크(백색의 둥근 모양으로 2개가 있음)를 연결하는 가상의 선을 기준으로 후방 2클럽 길이 이내의 직사각형 구역이며, 이 구역에서 티 샷을 한다.

### ▌티 샷 범위

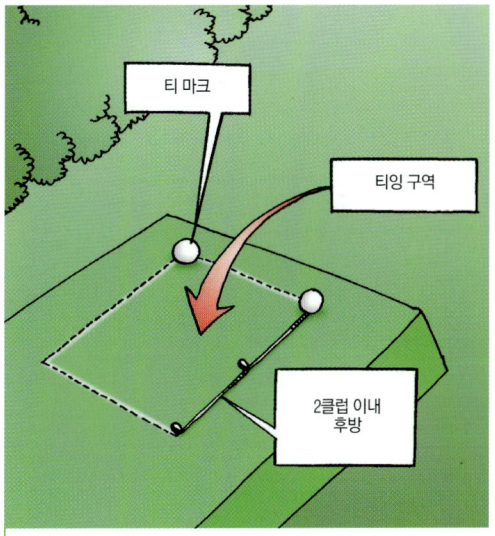

티 마크를 연결하는 가상의 선을 기준으로 후방 2클럽 길이 이내의 직사각형 구역에서 티 샷을 한다.

티잉 그라운드에는 거리별로 백 티와 레귤러 티 및 레이디스 티의 세 가지가 있다. 백 티는 클럽 경기나 프로 골퍼의 토너먼트 등에 사용되는 티잉 그라운드이고, 레귤러 티는 통상의 라운드에서 남성이 사용하는 티잉 그라운드이며, 레이디스 티는 여성들이 사용하는 티잉 그라운드이다.

# 03 티업 방법

## 올바른 티업 자세

**잘못된 티업 자세**

**올바른 티업 자세**

초보 골퍼들은 티업을 할 때 허리를 숙여 티를 먼저 땅에 꽂고 또 다시 허리를 숙여 볼을 올린다. 그런데 이것은 서툰 행동이다.

또, 바닥에 쭈그리고 앉아서 용변 보는 자세로 티업을 하는 것도 보기에 좋지 않다.

올바른 티업 방법은, 먼저 볼과 티를 함께 쥔 후, 검지와 중지 사이에 끼운 티를 한 번에 잔디에 꽂는 것이다.

짧은 스커트를 입은 여성이라면 왼발을 뒤로 빼고 다리를 모은 채 안정감 있고 단정하게 앉아서 티업을 한다. 남성은 무릎을 약간 구부려 한 발을 내밀고 허리를 숙여 티업한다.

# 04 티잉 그라운드에서의 매너

### 다른 사람이 볼을 칠 때는 조용히

다른 사람이 볼을 칠 때 조용히 하는 것은 티 샷뿐 아니라 모든 샷에서도 마찬가지이다. 스타트 홀의 경우에는 특히 더 조용히 할 필요가 있다. 티잉 그라운드에서 볼을 칠 때는 계속해서 다음 사람이 치게 되므로 어수선한 상황이 되기 쉽기 때문이다.

다른 사람이 볼을 칠 때는 조용히 지켜보는 것이 예의이다.

볼을 치는 사람이 어드레스에 들어가면 조용히 하는 습관을 들인다. 이렇게 함으로써 매너도 지키고 위험 방지를 위한 주의력도 키울 수 있다. 또한 티잉 그라운드에서 스윙을 할 때는 주변의 골프화 스파이크 소리도 예민하게 들리므로 주의한다.

### 티잉 그라운드에는 볼을 치는 사람만 들어간다

골프 용어 '56. 티잉 그라운드'는 티업이 가능한 구역을 말한다. 티 그라운드 혹은 티잉 그라운드는 볼을 칠 순서인 사람만 들어간다. 또한 다른 플레이어가 티 샷을 하는 것을 티잉 그라운드 앞쪽에서 지켜보는 것은 위험

하다. 초보 골퍼의 경우 예상치 못한 곳으로 볼이 날아갈 수 있으므로 볼의 위치보다 뒤쪽에서 지켜본다. 여성 골퍼가 남성들과 함께 라운드를 할 때는 레귤러 티에서 남성이 티 샷을 끝낸 후에 레이디스 티 쪽으로 이동한다. 만일 남성이 레귤러 티에서 스윙을 하기도 전에 레이디스 티 옆에서 대기하고 있으면 볼에 맞을 수 있으므로 주의한다.

### 볼을 치는 사람 이외에는 스윙 연습을 하지 않는다

티 샷을 하는 사람이 스윙 감각을 확인하려고 스윙 연습을 하는 것은 괜찮지만, 다른 사람이 티잉 그라운드 주변에서 스윙 연습을 하는 것은 골프 예절에 어긋난다. 이런 행동은 주변 사람들을 다치게 할 수 있으므로 조심한다. 티 샷 순서의 사람이 연습 스윙을 할 때에도 티잉 그라운드의 잔디가 손상되지 않게 주의한다.

### 티잉 그라운드에서는 지면을 돋우거나 고를 수 있다

플레이어가 티잉 그라운드에서 지면을 돋우거나 울퉁불퉁한 곳을 고르는 것, 이슬·서리·물을 제거하는 행동은 벌타가 없지만 스루 더 그린에서 위와 같은 행동을 하면, 볼의 위치 또는 라이를 개선한 것이 되어 2벌타를 받는다.

Part.
02

# 티잉 그라운드에서의 전략과 스윙

# 01 정확한 어드레스 순서 지키기

## 공략 지점 선택하기

드라이버 샷Driver shot은 티잉 그라운드에서 제1타를 치는 샷이다. 제1타가 멀리, 정확하게 갈수록 제2타·제3타가 쉬워지므로 모든 골퍼들이 장타(롱 샷)를 원한다. 그러나 장타는 골프를 오래 친다고 해서 저절로 달성되는 것은 아니다. 기본을 충실히 익히면 자신도 모르는 사이에 장타를 칠 수 있게 되는데, 이것이 바로 드라이버 샷의 매력이다. 스윙에서 리듬이 중요하듯이 티잉 그라운드에서도 리듬이 필요하다. 자기 나름대로 순서를 정해 그 리듬에 맞춰 어드레스를 하면 스윙에서도 리듬이 이어져 좋은 샷을 할 수 있다.

먼저 티잉 그라운드에서 공략할 방향과 지점을 정한다. 티잉 그라운드에서 어드레스할 때 가장 먼저 할 일은 자신이 어느 방향으로 볼을 공략할지 정하는 것이다. 그러기 위해서는 우선 홀의 구조를 살펴보고 어느 방향으로 볼을 날릴지 파악한다. 볼을 날릴 방향을 정했다면 그곳을 목표 지점으로 정한다. 그런 다음 어드레스 순서에 맞춰 어드레스한다.

▎공략 지점 선택

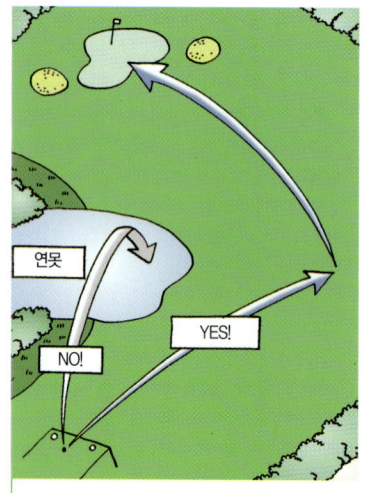

먼저 티잉 그라운드에서 공략할 방향과 지점을 정한다.

## 정확한 어드레스 순서

공략 지점, 즉 목표 지점을 정한 후에는 티업을 하고 볼 뒤에 서서 목표 지점을 주시한다. 이때 머릿속으로 볼이 날아갈 방향과 거리를 상상해 본다. 어떤 탄도彈道로 볼이 날아가고, 목표에 어떤 식으로 떨어지는지 그려 보는 것이다. 그런 다음 타깃 라인 위로 티업한 지점에서 가까운 곳(약 1m 정도)에 표시를 찾아 정한다. 그리고 그 표시에 평행이 되게 스퀘어 스탠스Square Stance, 양쪽 발끝이 비구선과 평행이 되도록 발 위치를 정하는 것로 선다. 즉 타깃 라인과 양 어깨·허리·양발의 라인이 평행을 이루도록 스탠스를 취하고, 클럽 페이스를 타깃 라인과 직각으로 겨눈다.

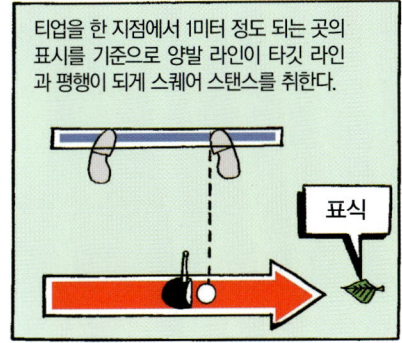

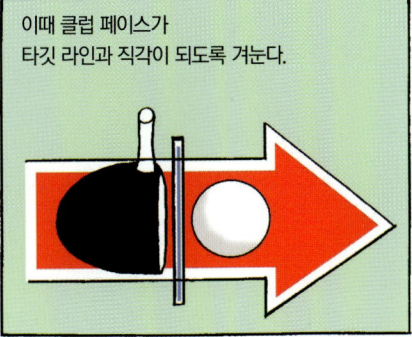

## 드라이버 샷의 어드레스 : K자형 어드레스

드라이버 샷은 볼을 멀리 날리는 것이 목적이다. 일반적으로 볼을 높이, 또 멀리 칠 경우에는 K자형 어드레스를 취한다. 체중은 6 : 4의 비율로 오른발에 약간 더 싣는데, 그 이유는 스윙 궤도가 올라갈 때 임팩트가 이뤄지기 때문이다. 오른쪽 어깨는 약간 내리며, 볼을 왼발 쪽에 두므로 눈은 볼 뒤쪽 절반 정도를 본다.

K자 어드레스에서는 볼의 위치가 왼발 뒤꿈치 앞이므로 클럽 샤프트가 지면과 거의 직각을 이룬다. 이 어드레스는 몸의 왼쪽이 긴장하게 돼 어퍼 블로(클럽 헤드가 볼의 최하점을 지난 직후에 볼을 때림) 샷을 할 수 있어 볼을 멀리, 그리고 높이 보낼 수 있다.

▎K자형 어드레스에서의 스윙

K자형 어드레스를 하면 몸의 왼쪽 사이드가 긴장되어 볼을 어퍼 블로로 칠 수 있다.

'어퍼 블로 스윙'은 클럽 헤드가 스윙 궤도의 최하점을 지나 올라가면서 임팩트가 이뤄지는 스윙을 말한다.

스윙(헤드) 궤도의 최하점

임팩트

## 올바른 티의 높이

초보 골퍼들의 티 샷을 보면, 티업을 할 때마다 티 높이가 달라진다. 티 높이가 일정하지 않으면 스윙 템포와 리듬이 칠 때마다 바뀌고, 임팩트 시 클럽 페이스와 볼이 만나는 지점도 일정하지 않게 된다. 또한 티가 너무 높으면 자신도 모르게 퍼 올리는 스윙을 하게 되고, 반대로 낮으면 위에서 내리치는 스윙이 되기도 한다.

티의 높이는 헤드 위로 볼이 절반 정도 보이는 것이 표준이다. 비록 개인에 따라 높낮이의 차이는 있지만, 그 높이는 항상 일정해야 한다. 그래야 일정한 리듬과 템포로 스윙을 할 수 있다.

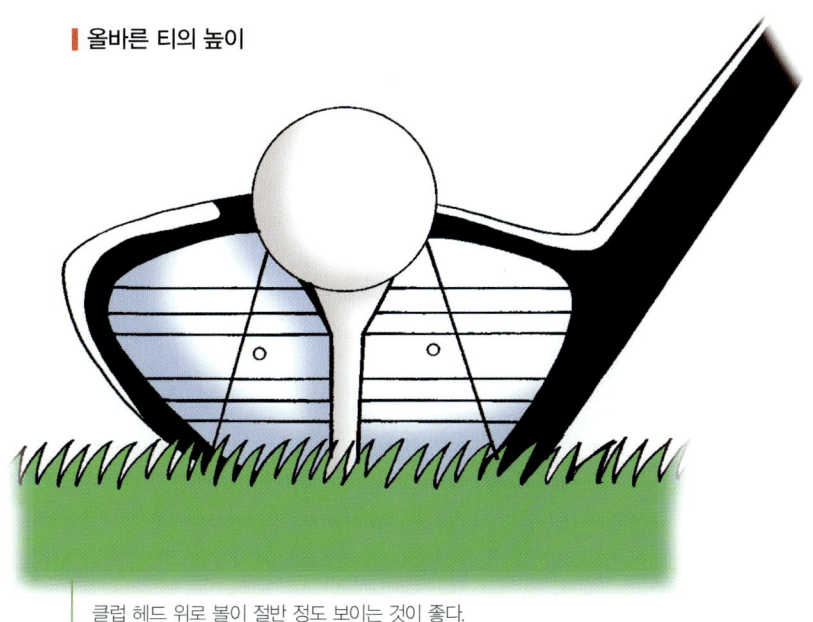

▌올바른 티의 높이

클럽 헤드 위로 볼이 절반 정도 보이는 것이 좋다.

# 드라이버 샷은 어퍼 블로 스윙을 한다

## 드라이버와 아이언은 타법이 다르다

**■ 드라이버 샷은 어퍼 블로로!**

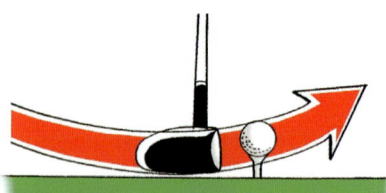

드라이버 샷은 스윙 궤도의 최하점 이후 떠오르는 시점에 임팩트가 이루어지므로 어퍼 블로 스윙이 된다.

**■ 아이언 샷은 다운 블로 스윙을!**

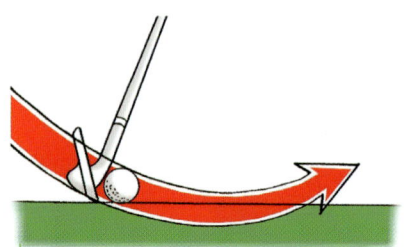

아이언 샷은 임팩트 이후에 스윙 궤도의 최하점이 이루어지므로 다운 블로 스윙이 된다.

드라이버와 아이언의 스윙은 같지만 임팩트 순간과 타법이 다르다. 드라이버 샷은 스윙 궤도의 최하점 이후에 임팩트가 이루어진다. 즉 클럽 헤드가 위로 올라가는 시점에 임팩트가 이루어지기 때문에 드라이버 샷을 '어퍼 블로 샷(또는 어퍼 블로 스윙)'이라고 한다.

그러나 아이언 샷은 임팩트 이후에 스윙 궤도의 최하점이 온다. 즉 클럽 헤드가 아래로 내려가면서 임팩트가 이루어지므로 아이언 샷을 '다운 블로 샷(또는 다운 블로 스윙)'이라고 한다.

## 드라이버 샷이 어퍼 블로가 되는 것은 볼의 위치 때문

드라이버나 아이언의 스윙 궤도는 일정하다. 백 스윙과 다운 스윙이 일정하면 스윙 궤도 역시 일정하다. 스윙 궤도의 최하점은 클럽 헤드가 스탠스Stance, 볼을 치기 위해 두 발의 위치를 정하는 것의 중앙에 왔을 때이다. 따라서 최하점 이전에 임팩트가 이뤄지면 다운 블로 스윙이 되고, 최하점에서 임팩트가 이뤄지면 비로 쓰는 듯한 쓸어 치는 스윙이, 최하점 이후에 임팩트가 이뤄지면 어퍼 블로 스윙이 된다.

▌클럽별 임팩트와 최하점의 위치

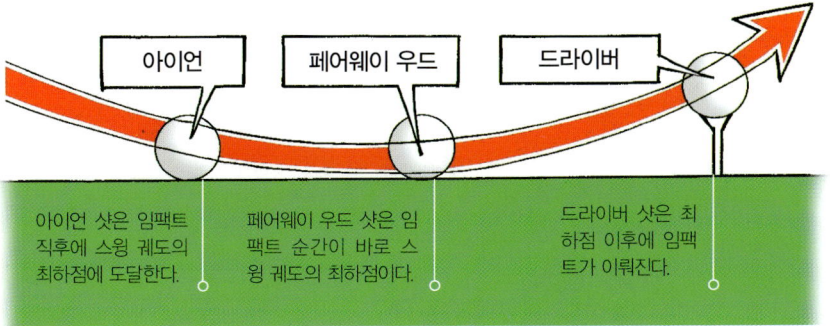

아이언 샷은 임팩트 직후에 스윙 궤도의 최하점에 도달한다.

페어웨이 우드 샷은 임팩트 순간이 바로 스윙 궤도의 최하점이다.

드라이버 샷은 최하점 이후에 임팩트가 이뤄진다.

드라이버 샷이 스윙 궤도의 최하점 이후에 임팩트가 이루어지는 어퍼 블로 스윙이 되는 것은 볼이 왼발 뒤꿈치 선상에 있기 때문이다.

▌볼의 위치

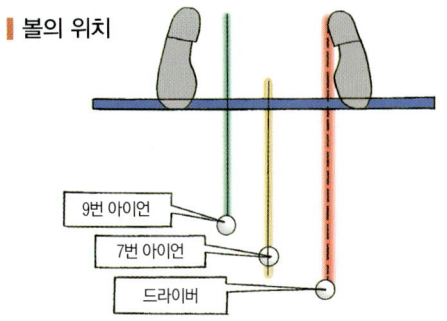

드라이버는 볼을 왼발 뒤꿈치 선상에, 7번 아이언은 중앙선상에 놓는다. 9번 아이언은 오른쪽으로 놓는다. 드라이버는 7번 아이언보다 클럽의 길이가 길기 때문에 스탠스도 더 넓게 벌린다.

### 드라이버 샷에서 볼을 왼발 뒤꿈치 앞에 두는 방법

K자 어드레스에서 스탠스를 취하는 방법은 다음과 같다. 먼저 자연스럽게 양발을 모아 차려 자세를 취해 볼이 양발 중앙에 오게 한 다음 클럽 페이스를 타깃 라인과 직각으로 만든다. 그 상태에서 오른발만 어깨 넓이보다 조금 더 벌리면 자연스럽게 왼발 뒤꿈치 선상에 볼이 온다.

▌K자 어드레스에서 스탠스 잡는 법

양발을 모아 차려 자세를 취하고 볼이 양발 중앙에 오게 한다.

그 상태에서 오른발만 어깨 넓이보다 조금 넓게 벌리면, 볼은 저절로 왼발 뒤꿈치 선상에 온다.

## 어퍼 블로 스윙의 비결은 다운 스윙

어퍼 블로 스윙의 비결은 다운 스윙에 있다. 톱 스윙이 완성된 순간 하체는 이미 다운 스윙이 시작되는데, 그 순서는 ①왼발을 원위치시키면서 바닥을 지그시 밟아 주고, ②동시에 허리를 왼쪽으로 이동시키면서 회전한 후, ③손을 서서히 내리는 것이다.

이렇게 하체를 먼저 이동한 후 상체(팔과 어깨)가 내려오면 정확하고 힘이 실린 임팩트가 가능하다.

그러나 하체 이동 없이 팔이 먼저 내려오면, 클럽에 힘이 실리지도 않고 아웃-인 스윙이 되어 슬라이스Slice, 왼쪽에서 오른쪽으로 급하게 휘어지는 샷가 된다. 다운 스윙을 할 때 다리와 허리가 먼저 원위치를 한 다음 팔이 내려온다는 것을 명심하면서 스윙하는 습관을 지녀야 좋은 스윙을 할 수 있다.

**┃어퍼 블로 스윙의 비결은 다운 스윙**
(스윙 순서는 다리→ 허리→ 팔)

제일 먼저 왼발을 원위치시키면서 바닥을 지그시 밟아 주고, 왼발에 힘을 줌과 거의 동시에 허리를 원래 자리로 돌려 준다.

# 03 드라이버 샷의 전략

### 파3홀에서 핀이 그린 왼쪽에 있을 때의 스윙 전략

파3홀에서는 제1타로 볼을 그린에 올리는 것이 최선의 드라이버 샷(티 샷)이다. 파3홀에서 핀이 그린 왼쪽에 있을 경우, 온 그린On Green, 볼이 그린 위로 올라가 멈추는 것을 목표로 그린 중앙을 노려야 한다. 온 그린이 되면 2퍼팅으로 홀 아웃할 수 있으며, 최악의 경우 3퍼팅을 하더라도 보기에 그친다.

욕심을 내서 직접 핀을 공략하는 것은 위험한 전략이다. 볼이 그린 왼편에 떨어지면 그린 밖으로 나갈 수 있기 때문이다. 볼이 그린 밖으로 나가면 제2타에서 또다시 온 그린을 노려야 하므로 그만큼 타수를 줄이기 어렵다.

**▮ 파3홀에서 핀이 좌측에 있는 경우의 공략법**

## 도그 렉 홀의 스윙 전략

도그 렉Dog leg 홀은 티잉 그라운드에서 그린 사이가 개의 뒷다리처럼 꺾인 홀을 말한다. 오른쪽으로 굽어진 도그 렉 홀의 경우 가장 짧은 루트는 당연히 오른쪽 페어웨이이다. 그러나 이 경우 페어웨이 오른쪽에 페어웨이 벙커가 있기 마련이어서, 직접 이곳을 공략하다가는 벙커에 빠지기 십상이다.

이럴 때는 페어웨이 가운데보다 왼쪽을 겨냥해 안전한 공격을 선택하는 스윙 전략을 세워야 한다. 왼쪽으로 볼을 보내면 함정이 없고, 다음 샷으로 온 그린을 하기도 쉽다. 이처럼 도그 렉 홀에서는 최단 코스에 벙커나 워터 해저드, 혹은 OB 지역이 도사리고 있으므로, 다음 샷을 위해 다소 멀더라도 트러블을 피해서 공략한다.

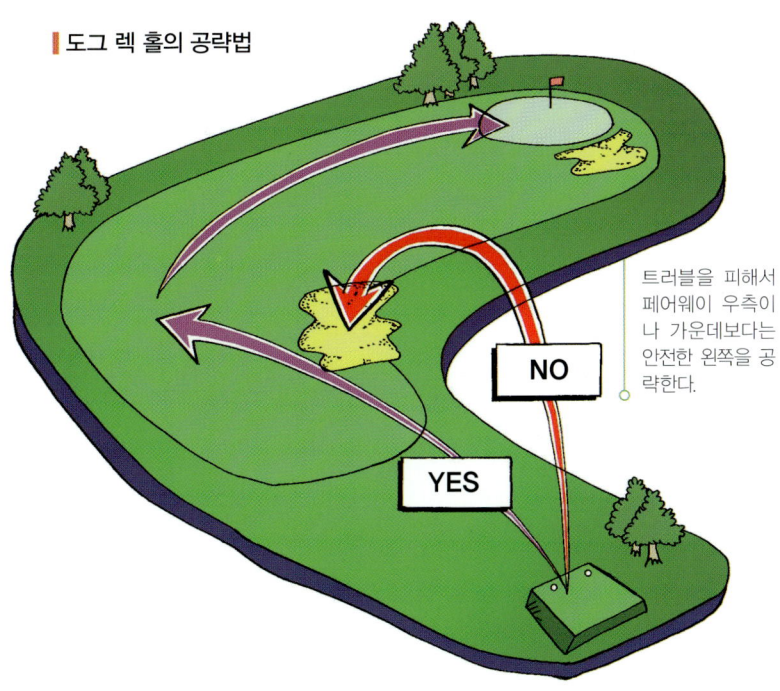

▮도그 렉 홀의 공략법

트러블을 피해서 페어웨이 우측이나 가운데보다는 안전한 왼쪽을 공략한다.

## 큰 폴로 스루로 장타 만들기

롱 샷, 즉 장타를 하려면 클럽 헤드의 최고 스피드가 임팩트 직후에 나와야 한다. 그러기 위해선 톱에서 힘을 뺀 채 다운 스윙을 해야 한다. 힘을 뺀 채 다운 스윙을 하다가 양손이 오른쪽 어깨 위치에 왔을 때 힘을 넣어야 헤드의 최고 스피드가 임팩트 직후에 나와 강한 임팩트를 할 수 있다. 이렇게 하면 폴로 스루Follow Through, 임팩트 후 클럽을 비구선을 향해 그대로 스윙하는 것도 커진다.

▎큰 폴로 스루를 위한 올바른 힘 넣기

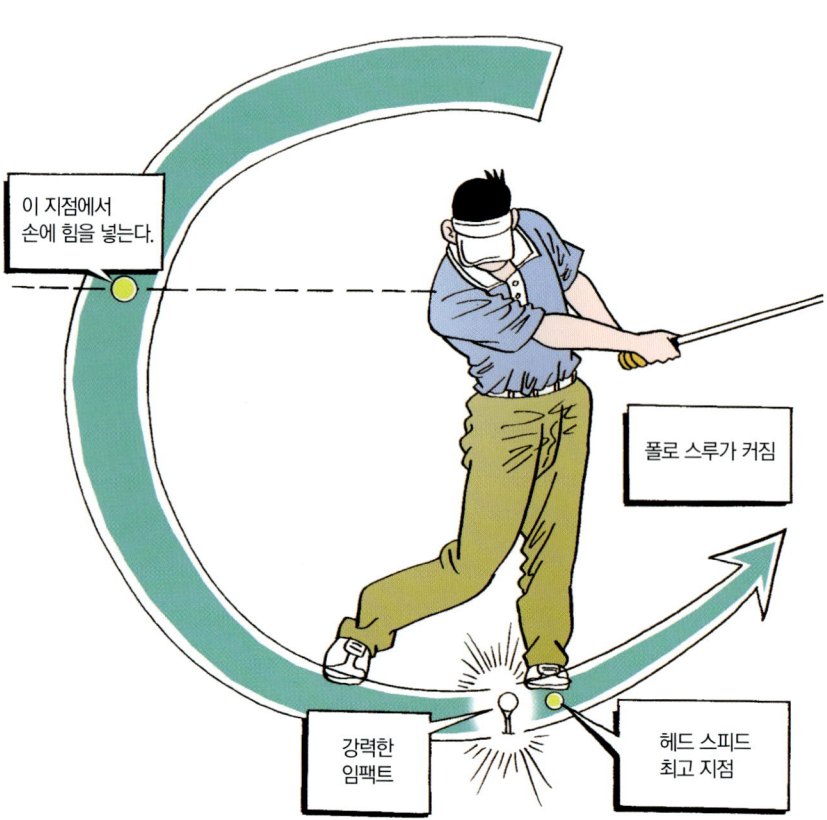

다운 스윙을 시작할 때 힘을 넣으면 임팩트 이전에 헤드의 최고 스피드가 나온다. 이렇게 되면 결국 임팩트 순간에 헤드 스피드가 떨어져 약한 임팩트로 이어지고 최종적으로 폴로 스루도 약해진다. 약한 임팩트를 막기 위해서는 다운 스윙 초기에 힘을 넣지 않고 스윙을 하다가 양손이 오른쪽 어깨 위치에 왔을 때 힘을 넣어야 강한 임팩트를 할 수 있고 폴로 스루도 커진다.

▌약한 임팩트를 만드는 잘못된 힘 넣기

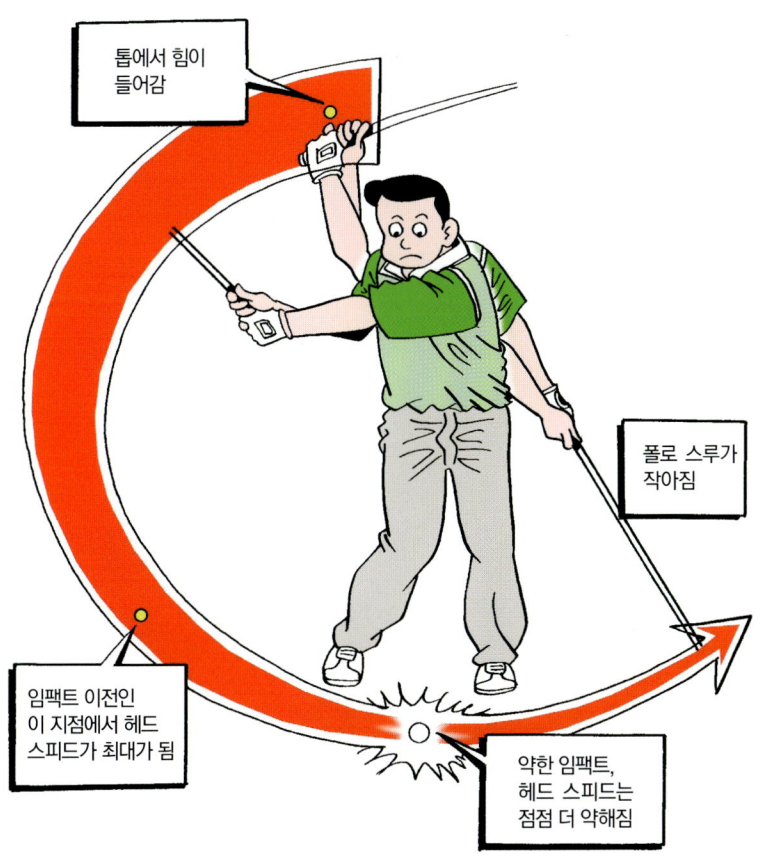

Part
03

# 티잉 그라운드에서의 골프 룰

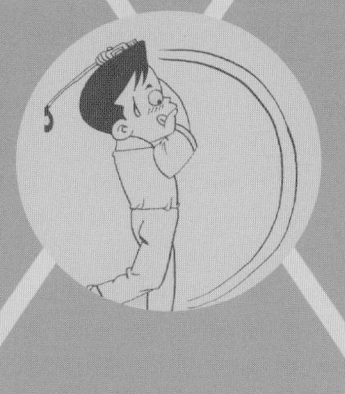

# 01 티 샷을 헛스윙한 경우

## Question

티잉 그라운드에서 어드레스를 완료한 후 티 샷을 멋지게 했는데, 그만 헛스윙이 되고 볼은 그대로 티 위에 있다. 어떻게 되는가?

## Answer

볼은 플레이어가 티잉 그라운드에서 스트로크(타격)를 하는 순간 '인플레이In Play'가 된다. 티잉 그라운드에서 첫 타를 헛스윙해서 볼이 티 위에 그대로 있으면, 아직 인플레이가 아니므로 벌타 없이 다시 스윙한다.

또한, 첫 타를 하려고 웨글Waggle, 스트로크를 하기 전 클럽을 가볍게 좌우·앞뒤로 움직이는 것을 하다가 클럽 헤드가 볼에 닿아서 볼이 떨어져도 역시 인플레이가 아니므로 벌타 없이 다시 티업을 할 수 있다. 단, 제2타부터는 인플레이 볼이 어드레스를 한 후에 움직이면 1벌타를 받는다. 그러나 티 샷을 한 볼이 빗맞아서 볼이 티업에서 살짝 떨어진 것은 분명히 볼을 스트로크한 것이므로 인플레이 볼이다. 따라서 벌타는 없지만 볼이 떨어진 곳에서 제2타를 친다.

**티 샷을 헛스윙했다면**
- 스트로크 플레이 : 무벌타
- 매치 플레이 : 무벌타

## 02 다시 치는 볼은 맨 나중에

### Question

티잉 그라운드에서 스윙이 빗맞아서 볼이 떨어진 곳에서 제2타를 치거나, 볼을 잃어버려서 잠정구*를 칠 경우 바로 칠 수 있는지?

### Answer

빗맞아서 볼을 다시 치든 잠정구를 치든 간에 그것은 두 번째 샷임에 틀림없다. 골프 규칙상 플레이어가 티잉 그라운드에서 잠정구 또는 다른 볼을 플레이할 경우 상대방 또는 동반 경기자가 첫 번째 스트로크를 한 다음에 해야 한다. 즉, 다른 동반자들의 티 샷이 끝난 후 맨 나중에 샷을 하는 것이다.

다시 치는 볼
- 스트로크 플레이 : 무벌타 + 맨 나중에 샷
- 매치 플레이 : 무벌타

다른 동반자들의 티 샷이 끝나기를 기다리지 않고 제2구를 바로 스윙했더라도 벌타는 없지만 예의 있는 행동은 아니며, 그 볼이 있는 상태 그대로 플레이한다.

---

* 잠정구(Provisional Ball)란 플레이어가 친 볼이 분실되었거나 OB 또는 워터 해저드에 들어갔다고 생각될 때 플레이어가 그 위치에서 다시 치는 볼을 말한다.

# 03 어드레스 중에 볼을 티업에서 떨어뜨린 경우

### Question

티잉 그라운드에서 어드레스*나 웨글, 연습 스윙을 하다가 볼을 떨어뜨렸을 경우 볼이 떨어진 지점에서 제2타를 치는가? 아니면 처음부터 다시 티업을 하는가?

### Answer

어드레스가 완료되기 전 웨글 중에 티에서 볼을 떨어뜨렸다면 그 볼을 집어서 다시 티업을 해도 아무런 벌타 없이 플레이를 할 수 있다. 왜냐하면 어드레스 중에 실수로 볼을 건드려 아직 인플레이 상태가 아니기 때문이다.

참고로 스루 더 그린에서는 허용되지 않지만, 티잉 그라운드 구역 안에서 클럽이나 손으로 지면을 돋우거나 울퉁불퉁한 곳을 고른 후에 티업을 하는 것은 허용된다.

**어드레스 중에 볼을 티에서 떨어뜨려 다시 티업했다면**
- 스트로크 플레이 : 무벌타 + 다시 티업
- 매치 플레이 : 무벌타 + 다시 티업

---

* **볼에 어드레스(Addressing the Ball)**란, 플레이어가 스탠스를 취하고 클럽을 땅에 댔을 때 '볼에 어드레스'를 한 것이다. 다만 해저드 안에서는 플레이어가 스탠스를 취했을 때 볼에 어드레스를 한 것이다.

# 티잉 그라운드의
# 정규 구역

## Question

티잉 그라운드에 서면 티 마커를 연결한 선상에서 티업을 하는데, 의외로 그곳이 황폐화돼 있어서 티업을 하기가 곤란하다. 티업을 할 수 있는 구역은 정확히 어디인가?

## Answer

티 샷을 할 수 있는 구역이 바로 '티잉 그라운드의 정규 구역'이다. 티 마커를 연결한 선상에서부터 후방으로 드라이버 2개 이내의 사각형 구역이 티 샷이 가능한 정규 구역이다.

그림과 같이 사각형 이내의 구역 안에서 티업을 하면 된다. 이때 몸은 구역 밖에 있어도 상관없다. 그러므로 정규 구역을 잘 활용하면 드라이버 거리를 늘릴 수 있다. 숏 홀에서는 '거리'를 조절하고, 슬라이스를 잘 치는 사람은 오른쪽 끝에서 코스의 왼쪽을 목표로 스윙하는 것이 효과적이다. 훅Hook, 친 볼이 왼쪽으로 크게 휘어 날아가는 것을 잘 치는 사람은 왼쪽 끝에서 코스 오른쪽을 겨냥한다.

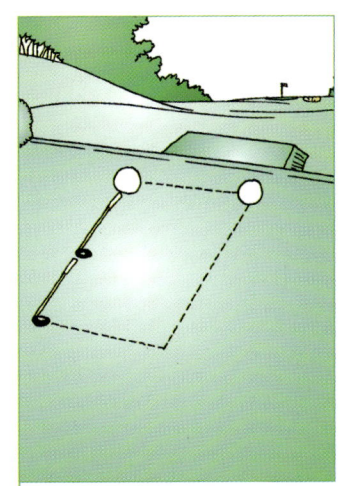

**티잉 그라운드의 정규 구역**
티 마커 후방 드라이버 2클럽 이내

# 05 티잉 구역 밖에서 티 샷하는 경우

## Question

왼쪽 끝의 마커를 사이에 끼고서 티 샷을 했는데, 아뿔사! 정반대로 오른쪽 티 마커를 사용한 것이다. 결국 볼은 티잉 그라운드 밖에 놓여 있고 몸만 구역 안에 있었던 것이다. 이럴 땐 어떻게 되는가?

## Answer

티잉 그라운드 밖에서 티 샷을 하는 경우가 종종 있다. 티 마커를 착각하거나, 티 마커보다 앞에서 티 샷을 하는 경우가 그렇다.

또한 티잉 그라운드를 착각하여 남자가 레이디스 티에서 티 샷을 하는 것 역시 티잉 그라운드 밖에서 티 샷을 한 셈이다.

이런 경우에는 티잉 그라운드에서 다시 쳐야 하며, 2벌타가 부과되므로 다시 치는 샷은 3타째가 된다. 따라서 코스를 돌 때 티잉 구역을 확인하는 습관을 가져야 한다.

**티잉 구역 밖에서 티 샷을 했다면**
- 스트로크 플레이 : 2벌타 + 3타째로 티 샷
- 매치 플레이 : 상대방의 요구가 있으면 무벌타로 다시 친다. 없으면 그대로 진행

# 티잉 구역 밖에서 티 샷을 했는데 OB가 난 경우

## Question

티잉 구역 밖에서 티 샷을 했는데, 그만 OB가 나고 말았다. 이 경우 티잉 그라운드 밖에서 티 샷을 한 것에 대한 벌타와 OB에 대한 벌타를 함께 받는가?

## Answer

티잉 그라운드 밖에서 친 것에 OB가 첨가된 경우인데, 구역 밖에서 쳤으므로 당연히 구역 안에서 다시 쳐야 한다. 문제는 OB나 페널티 구역에서의 벌타를 어떻게 처리하느냐이다.

골프 규칙상 티잉 그라운드 밖에서 볼을 플레이하면 2벌타를 받고, 티잉 그라운드 안에서 다시 플레이해야 한다. 따라서 다시 치는 샷은 3타째가 되며, OB에 대한 벌타는 가산되지 않는다.

**티잉 구역 밖에서 티 샷을 해서 OB가 났다면**
- 스트로크 플레이 : 2벌타 + 3타째로 티 샷
- 매치 플레이 : 상대방의 요구가 있으면 무벌타로 다시 친다. 없으면 그대로 진행

# 티 샷을 한 볼이 티 마커 근처에서 멈춘 경우

## Question

드라이버로 힘차게 티 샷을 했는데, 더프Duff, 타구 시 볼 뒤의 지면을 때리는 것가 나면서 볼이 티 마커 바로 앞에 멈추었다. 티잉 그라운드 위이지만, 이미 인플레이된 볼이라 움직일 수도 없다. 아이언으로 쳐서 티 마커 옆으로 보내야 하는가?

## Answer

골프 규칙을 잘 모르는 초보자들에게서 자주 일어나는 실수이다. 티 마커 때문에 앞쪽으로 칠 수 없을 경우 아이언으로 스윙하기 편한 곳으로 쳐서 1타를 손해 보는데, 이것은 규칙을 몰라서 생긴 손해이다.

해답은 간단하다. 티 마커를 제거한 후에 스윙을 하고, 티 마커를 원래 상태로 되돌려 놓으면 된다. 티 마커는 '인공물'로 플레이를 위한 단순한 표지에 불과하다. 즉 '장애물' 중 사람이 움직일 수 있는 장애물이다. 다만, 티 샷을 할 때는 고정물로 간주하므로 움직이면 2벌타(매치 플레이에서는 그 홀의 패배)를 받는다.

**티 샷한 볼이 티 마커 근처에서 멈췄을 때는 티 마커 제거 가능**
- 스트로크 플레이 : 무벌타
- 매치 플레이 : 무벌타

# 08 티 샷을 한 볼이 OB가 난 경우

**Question**

티 샷한 볼이 훅이 나면서 OB 지역으로 들어갔다. 이럴 때 벌타는 얼마이며, 다시 티업을 할 수 있는가?

**Answer**

OB가 난 볼은 분실구의 경우와 마찬가지로 1벌타를 받고 원위치로 돌아가 다시 쳐야 한다. 물론 이 경우 다시 치는 볼은 3타째가 되며 티업을 해서 칠 수 있다.

분명 1벌타를 받았지만, 실제적으로는 2벌타를 받은 셈이다. 볼을 잘못 쳐서 OB를 낸 것은 1벌타지만, 그 외에 OB 때문에 거리마저 취소되었기에 '거리의 벌타 Penalty of distance'도 함께 받는다. 결국 '스트로크와 거리의 벌타 Penalty of stroke and distance'를 받는다. 즉, OB 때문에 티 샷(제1타)으로 갈 거리를 제3타로 가게 된 것이다.

**티 샷한 볼이 OB가 났다면**
- 스트로크 플레이 : 1벌타 + 3타째로 티 샷
- 매치 플레이 : 1벌타 + 3타째로 티 샷

# 09 분실구일 때는 OB처럼

## Question

멋지게 티 샷을 날려 볼이 페어웨이 한가운데로 떨어졌다. 그런데 그 지점에 가서 아무리 볼을 찾아도 보이지 않아 결국 분실구가 되었다. 이럴 땐 어떻게 해야 하는가?

## Answer

분실구 Lost Ball의 처리는 OB의 경우와 같다. 즉, 1벌타를 받고 친 장소로 되돌아가 다시 쳐야 한다. 1벌타를 받으므로 다시 치는 볼은 3타째가 된다.

그런데 플레이 진행 속도를 빨리 하기 위한 로컬 룰로 '앞에서부터 4타째'가 있다. 즉, 되돌아가서 3타째를 스윙해도 분실구 지점으로 볼이 올 것이라는 가정하에, 분실구 지점에서 4타째를 스윙하는 것이다.

이 경우 홀에 접근하지 않고 좋은 라이에서 쳐야 할 것이다. 다만, 이 룰은 정규 룰이 아닌 로컬 룰이다.

**분실구일 땐 OB처럼**
- **스트로크 플레이** : 1벌타 + 3타째로 티 샷
- **매치 플레이** : 1벌타 + 3타째로 티 샷

# 티잉 그라운드에서 2타째가 OB가 났을 때

### Question

티 샷한 볼이 불행하게도 슬쩍 스치면서 티에서 떨어졌다. 그 자리에서 제2타를 쳤는데, 그만 슬라이스가 되면서 최악의 결과인 OB가 났다. 그래서 OB 1벌타를 받고 다시 4타째를 쳐야 하는데, 티업을 할 수 있는가?

### Answer

티 샷한 볼이 OB가 나면 일단 중단된 플레이이므로 제2구를 티 샷해서 스윙할 수 있는 것과 마찬가지로, 제2구 역시 OB가 났다면 이 또한 중단된 플레이에 해당한다.

중단된 플레이를 티잉 그라운드 위에서 다시 할 경우 반드시 티잉 그라운드 안에서 플레이해야 한다. 티잉 그라운드 안이라면 어느 곳에서든 플레이할 수 있으며, 다시 티업을 하는 것이 허용된다.

티잉 그라운드 내에서 2타째가 OB가 났을 때는 티업과 드롭 모두 가능

- 스트로크 플레이 : 1벌타 + 티업 또는 드롭
- 매치 플레이 : 1벌타 + 티업 또는 드롭

# 11 제자리로 돌아와서 다시 쳐야 할 경우

## Question

오랜만에 코스에 나왔더니 어깨에 힘이 들어가 악성 슬라이스가 나면서 볼이 OB 구역으로 향하는 것이 보였다. 그런데 볼이 OB 구역으로 들어갔는지 명확하지 않다면 어떻게 해야 하는가?

## Answer

볼이 명확히 OB 구역으로 들어갔다면 잠정구라 하지 않고 '다시 치는 볼'이라고 한다. 그런데 볼이 OB 구역에 들어갔는지 아닌지 확인하려면 가서 보는 수밖에 없는 경우가 발생한다. 또한 OB 구역이 아니더라도 깊은 풀숲이나 잡목 등에 떨어져 분실의 우려도 있다.

이런 경우 직접 가서 확인하고 오면 시간이 지체되므로 또 하나의 볼로 잠정구를 친 후, 그곳에 가서 볼이 없으면

**잠정구를 칠 경우**
- 스트로크 플레이 : 맨 나중에 샷
- 매치 플레이 : 맨 나중에 샷

그 잠정구를 인플레이 볼로 삼는다. 잠정구를 치지 않고 볼이 떨어진 지점에 가서 OB가 된 것을 알았다면 1벌타를 받고 다시 티잉 그라운드로 돌아가서 제3타를 쳐야 하는데, 이렇게 되면 시간에 쫓겨 급하게 스윙을 해서 그날 게임을 망칠 수 있으므로 잠정구를 쳐 두는 것이 좋다.

# 12 잠정구가 인플레이 볼이 되는 경우

## Question

OB가 났는지 알 수 없어서 일단 잠정구를 친 후 볼이 날아간 곳에 가 보니 OB 된 것이 확인되었다. 이 경우 잠정구는 몇 타째가 되는가?

## Answer

볼이 떨어진 지점에 가서 OB가 된 것을 확인하였거나, 깊은 풀숲이나 잡목림 속에서 원래의 볼을 찾지 못했다면 잠정구를 채택한다.

이때 잠정구는 '스트로크와 거리의 벌'을 받고 인플레이 볼이 되어 3타째가 되며, 잠정구를 친 다음의 스트로크는 4타째가 된다. 즉, 티 샷 1타·OB 1벌타·잠정구 1타, 합계 3타가 된다.

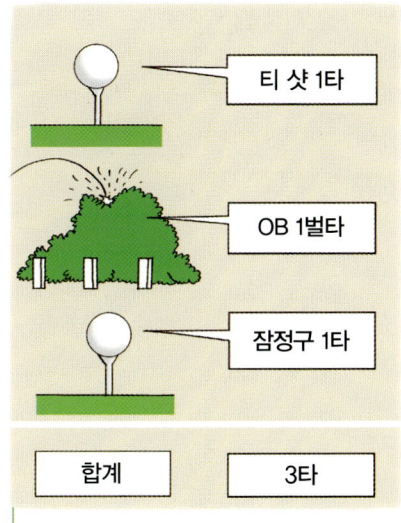

잠정구가 인플레이 볼이 되면 다음 샷은 4타째가 된다.
- 스트로크 플레이 : 1벌타
- 매치 플레이 : 1벌타

# 13 원래의 볼이 OB가 나지 않았을 때

## Question

잠정구를 친 후, 볼이 떨어진 지점에 가 보니 원래의 볼이 OB가 나지 않았다. 이 경우 잠정구와 원래의 볼은 어떻게 처리하는가?

## Answer

원래의 볼이 OB가 되지 않았거나 잡목림 사이에서 볼을 찾았다면, 잠정구를 집어 올리고 원래의 볼로 플레이하면 된다.

이때 다시 스트로크하는 원래의 볼은 2타째가 된다. 채택되지 않은 잠정구의 스트로크는 카운트하지 않는다.

원래의 볼이 OB가 나지 않았다면 원래의 볼로 플레이한다.

- **스트로크 플레이** : 무벌타 + 원구 플레이
- **매치 플레이** : 무벌타 + 원구 플레이

# 14 잠정구를 동반 경기자에게 알리지 않은 경우

## Question

티 샷을 한 볼이 OB가 났는지 아닌지 알 수 없는 상황이었다. 그래서 동반 경기자 역시 잠정구를 치는 것을 알겠지 하고 쳤는데, 동반 경기자에게 잠정구라는 것을 미리 알리지 않고 친 셈이 되었다. 이 경우 잠정구와 원래의 볼은 어떻게 되는가?

## Answer

자신의 마커 또는 동반 경기자에게 잠정구를 친다는 것을 알리지 않고 잠정구를 쳤다면, 그 볼은 잠정구가 아니라 다시 치는 볼이 된다. 따라서 원래의 볼은 분실구가 된다.

타수는 티 샷 1타와 OB 1벌타, 다시 치는 볼 1타가 되어 3타째를 친 것이 된다.

**잠정구 치는 것을 동반 경기자에게 알리지 않았다면**
- **스트로크 플레이** : 1벌타 + 잠정구 플레이
- **매치 플레이** : 1벌타 + 잠정구 플레이

# 15 타순이 틀렸다면 사과하고 벌타는 없어

## Question

게임에 열중하다가 그만 순서를 깜빡 잊고 오너보다 먼저 스윙을 하였다. 어떻게 되는가?

## Answer

오너란 볼을 제일 먼저 칠 수 있는 영예이다. 질서 있는 플레이를 위한 예의상의 룰이다. 제비를 뽑는 것은 스타트 홀에서만 시행하고, 2번 홀부터는 앞 홀에서 성적이 좋았던 순서(성적이 같을 경우 앞 홀 순서 그대로 유지)로 볼을 친다.

이때 타순을 틀리는 일이 생기기도 하는데, 잘못해서 먼저 쳤다면 오너와 동반 경기자에게 미안하다고 사과하면 된다. 별도의 벌타는 없고, 다시 칠 필요도 없다.

타순이 틀렸다면 사과한다.
- 스트로크 플레이 : 무벌타 + 사과
- 매치 플레이 : 올바른 순서대로 원구를 플레이하도록 요구할 수 있음

실력 차이가 많이 나는 연습 라운드에서는 오히려 오너에 상관없이 초보자나 비거리가 짧은 여성, 또는 노인이 먼저 치게 하는 것이 부드러운 경기 운영 방법이 될 수도 있다.

# 16 티 샷한 볼이 '언플레이어블'인 경우

## Question

티 샷한 볼이 지독한 더프가 나면서 티잉 그라운드 근처의 덤불 속으로 들어갔다. 도저히 볼을 찾을 수 없어서 '언플레이어블*'을 선언하였는데, 다시 티업을 할 수 있는가?

## Answer

워터 해저드 내에 있는 경우를 제외하고 코스 위 어느 곳에서나 언플레이어블을 선언할 수 있다. 자신이 티 샷한 볼이 덤불이나 수풀 속으로 들어가 도저히 플레이할 수 없는 경우 언플레이어블을 결정할 수 있는 사람은 플레이어 자신이다. 티 샷한 볼이 언플레이어블인 경우에는 다시 티업해서 플레이할 수 있다. 티 샷 1타, 언플레이어블 1타, 다시 치는 볼 1타이므로, 다시 치는 볼은 3타째가 된다.

**티 샷한 볼이 '언플레이어블'이라면**
- **스트로크 플레이** : 1벌타 + 3타째로 티 샷
- **매치 플레이** : 1벌타 + 3타째로 티 샷

---

* '언플레이어블(Unplayable)'이란, 볼이 플레이할 수 없는 상태에 놓였다고 스스로 판단했을 때 하는 선언을 말한다.

# 17 티 샷한 볼에 동반 경기자가 맞은 경우

**Question**

티 샷을 멋지게 했는데, 그만 앞쪽에서 걸어가던 동반 경기자를 맞히고 정지되었다. 비거리가 준 것도 아까운데 행여 벌타까지 받게 되는지?

**Answer**

동반 경기자나 그의 캐디·휴대품은 모두 국외자이다. 국외자에게 맞은 볼은 벌타 없이 있는 상태 그대로 플레이한다. 티 샷한 볼에 동반 경기자가 맞은 것 역시 국외자에 해당되므로, 이 경우에도 벌타는 없다.

다만, 볼이 우연히 국외자에 의하여 정지되거나 방향을 바꾸었어도 '럽 오브 더 그린Rub of the Green, 움직이고 있는 볼이 우연히 국외자에 의하여 방향이 변경되거나 정지된 경우'이므로, 플레이어에게 벌타는 없으나 그 볼은 있는 상태 그대로 플레이한다.

**티 샷을 한 볼에 동반 경기자 또는 그의 캐디가 맞았다면**
- 스트로크 플레이 : 무벌타 + 그대로 진행
- 매치 플레이 : 무벌타

# 티 샷한 볼에 본인이 맞은 경우

**Question**

티 샷을 한 볼이 공중으로 높이 떴다가 내 몸을 맞히고 말았다. 플레이어인 나는 국외자는 아닌 것 같은데, 어떻게 되는가?

**Answer**

플레이어의 볼이 플레이어 본인이나, 본인의 파트너, 이들의 캐디나 골프 백 같은 휴대품을 맞히고 정지되거나 방향을 바꿀 경우, 플레이어는 1벌타를 받고 볼이 떨어진 상태 그대로 플레이해야 한다.

하지만 경쟁 상대인 동반 경기자나 그에 속한 것이 맞았다면 국외자*이므로 벌타가 없으나, 플레이어 자신이나 플레이어에게 속한 것을 맞히고 정지했다면, 1벌타를 받고 볼은 있는 그대로의 상태에서 플레이를 계속한다.

티 샷한 볼에 나 또는 나의 캐디가 맞으면
- 스트로크 플레이 : 1벌타 + 그대로 진행
- 매치 플레이 : 1벌타 + 그대로 진행

* 스트로크 플레이에서의 **국외자**란, 경기자Player 편을 제외한 모든 사람과 사물을 말한다. 경기자 편에는 경기자 편에 속한 캐디, 현재 플레이하고 있는 홀에서 경기자 편이 플레이한 볼, 또는 경기자 편의 휴대품 등이 포함된다.

# 3 스루 더 그린에서의 플레이

# Part 01
# 스루 더 그린에서의 에티켓

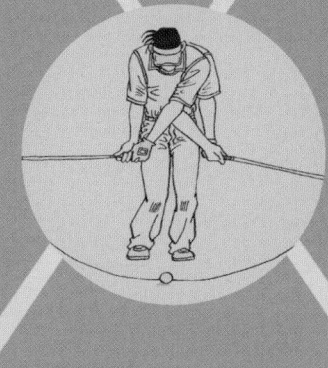

# 01 타순·분실구·오구· 루스 임페디먼트 등

**홀에서 먼 순서대로 친다**

제2타부터는 볼의 위치가 홀에서 먼 사람부터 친다. 이 원칙은 그린 위에서 치는 퍼트까지 모두 동일하므로, 상황에 따라 어떤 사람은 아직 1타밖에 치지 않았는데 다른 사람들은 2타나 3타를 치는 경우도 있다.

볼을 치기 전에는 반드시 주변을 확인하면서 친다. 또 다른 사람이 볼을 칠 때는 방해가 되지 않는 곳에 서 있어야 한다. 즉, 볼을 치는 사람의 앞쪽과 뒤쪽에는 서 있지 않는다. 초보 골퍼들은 자신의 공만 보고 무턱대고 앞으로 나가는 경우가 있는데, 이것은 에티켓에 어긋날 뿐만 아니라 위험한 행동이므로 주의한다.

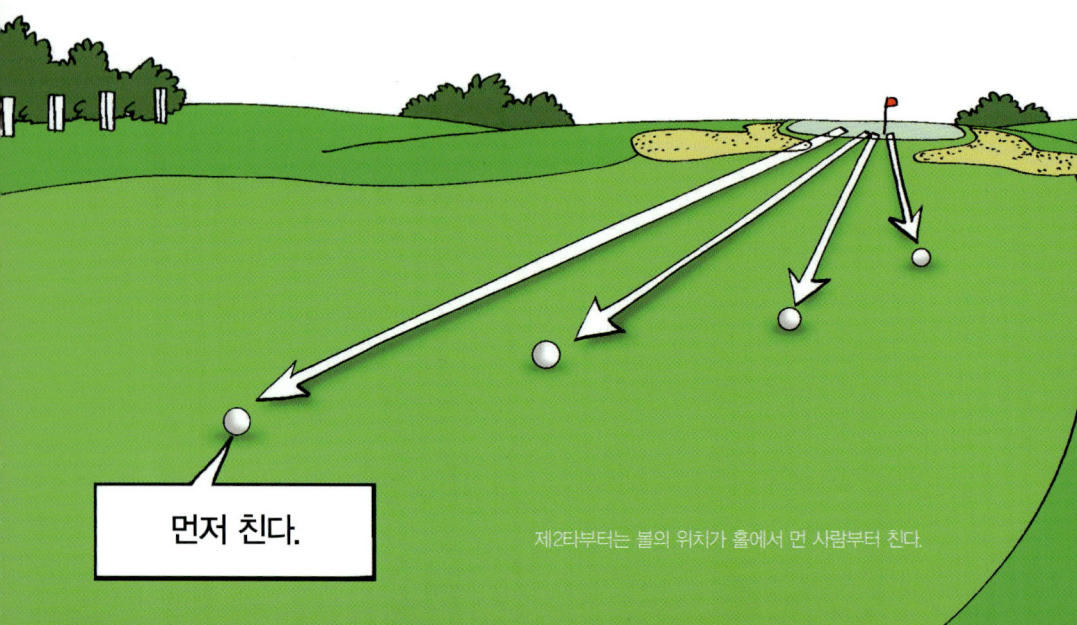

먼저 친다.

제2타부터는 볼의 위치가 홀에서 먼 사람부터 친다.

### 볼을 찾으러 갈 때 클럽은 2~3개 가지고 간다

동반자 모두 티 샷을 했다면, 재빨리 두세 개의 클럽을 가지고 자기 볼을 찾으러 간다. 그 이유는 볼이 어떤 상태에 있는지도 알 수 없고 클럽 한 개만으로는 대처하지 못하는 상황이 생길 수 있기 때문이다. 초보 골퍼들은 이 점을 명심한다. 가지고 간 클럽은 남은 거리에 따라 선택해서 쓴다.

### 2타째를 칠 때 주의사항

앞 조의 플레이 상황을 확인하고 볼을 친다. 앞 조가 플레이하고 있는 곳으로 볼을 보내는 것은 골퍼로서 바른 행동이 아니다. 고의는 아니겠지만 이러한 행동은 에티켓에 위반되며, 위험한 행동이다. 볼을 치는 것이 애매한 상황이라면 혼자 판단하지 말고 캐디에게 확인하는 습관을 들이는 것도 좋다. 또한 볼을 칠 때 볼의 위치나 라이를 변경해서는 안 된다. 다만, 볼에 어드레스할 때 클럽을 가볍게 지면에 놓는 행위는 가능하다.

### 분실구의 가능성이 있을 때는 잠정구를 친다

숲 속에 들어간 볼이 보이지 않을 경우, 규칙상 볼을 찾는 시간은 5분 이내로 정해져 있다. 분실구 Lost Ball는 1벌타를 받고 앞 타를 친 위치로 돌아가서 다음 타를 치는 것이 정석이다. 따라서 분실구의 가능성이 있을 때는 미리 잠정구를 쳐 두어야 한다.

　공식 경기가 아닌 경우 로컬 룰 Local Rule, 각 코스의 특수 조건에 맞게 각 코스별로 설정하는 특수 규칙, 로컬 룰은 코스마다 다를 수 있음 에 따라 분실된 지점에서 드롭하고, 4타째(티 샷 1타＋분실구 1벌타＋재 티 샷 1타 가정＋드롭 후 샷 1타)를 치는 경우도 있다.

### 실수로 다른 사람의 볼을 쳤을 때 : 오구를 친 경우

실수로 다른 사람의 볼을 친 것을 '오구誤球'라고 한다. 오구를 치면 2벌타의 벌칙을 받지만 오구를 친 것은 자신의 타수에 포함시키지 않는다. 만약 2타째를 오구로 쳤다면 2벌타를 더하게 되므로, 자신의 볼을 칠 때는 4타째(티 샷 1타+오구 2벌타+자신의 볼 1타)가 된다. 오구가 된 볼은 원위치로 돌아가서 볼의 주인이 다시 친다. 만일 오구된 볼로 그대로 홀 아웃을 하면, 공식 경기에서는 다음 홀의 티 샷을 친 시점에서 실격이 되므로 주의한다.

### 루스 임페디먼트

'루스 임페디먼트Loose Impediments'란 자연물自然物로, 고정되어 있지 않거나 생장生長하지 않고, 땅에 단단히 박혀 있지 않으며, 볼에 부착附着되어 있지 않은 돌·나뭇잎·나뭇가지 같은 것들과 동물의 분糞, 벌레들과 그들의 배설물 및 이것들이 쌓여 올려진 것들을 말한다. 모래 및 흩어진 흙은 퍼팅 그린 위에 있는 경우에 한하여 루스 임페디먼트이다.

눈雪과 천연 얼음 등은 캐주얼 워터 혹은 루스 임페디먼트로 치며, 플레이어의 선택에 따른다. 인공 얼음은 장애물이다. 다만, 이슬露과 서리는 루스 임페디먼트가 아니다. 또한 벙커나 해저드 안에서는 플레이어가 루스 임페디먼트에 접촉해서는 안 되며, 이를 위반(예 : 워터 해저드나 벙커 안에서 나뭇잎을 치움)하면 2벌타를 받는다.

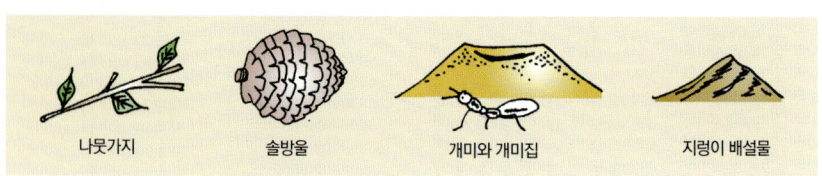

나뭇가지 　　　솔방울 　　　개미와 개미집 　　　지렁이 배설물

# 02 OB 경계의 기준

## OB 경계의 기준

OB 구역은 백색 말뚝으로 표시한다. 백색 말뚝 밖으로 볼이 나가면 OB가 된 것이다. OB가 되면 1벌타를 받고 볼을 친 곳으로 돌아가 다시 쳐야 하므로, 실제로는 2벌타를 손해 본다.

볼이 OB 지역의 백색 말뚝에 걸쳐 있을 때 OB인지 아닌지 판단하는 기준은 무엇일까? 볼이 걸쳐 있는 2개의 말뚝 안쪽(OB 쪽이 아니라 코스 쪽)을 연결하는 직선이 경계이다. 볼이 조금이라도 코스 쪽 직선에 걸려 있으면 '세이프'이지만, 말뚝의 중심선을 연결한 선에 있더라도 코스 쪽 직선에 닿지 않으면 '아웃'이다. 불과 1~2센티미터 차이로 OB가 되기도 하고 세이프가 되기도 하므로 규정대로 정확하게 처리한다.

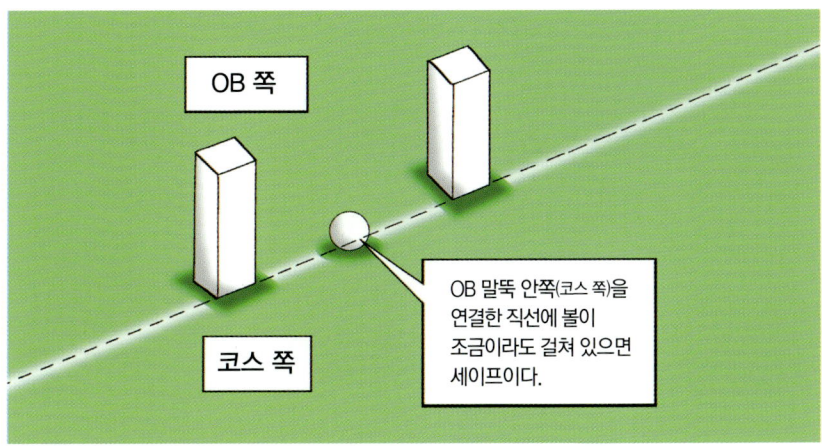

# 03 '볼!'이라고 외치기

### '볼!'이라고 큰 소리로 외치기

초보 골퍼들의 경우 힘껏 친 공이 생각지도 않은 방향으로 날아가서 다른 홀의 사람이 있는 곳에 떨어지기도 한다. 이럴 때는 반드시 '볼!'이라고 큰 소리로 외쳐야 한다. 이것은 모든 나라에서 위험을 알리는 일반적인 신호이며, 소리로 사고를 방지하는 방법이다.

반대로 코스에서 라운드 중에 어디선가 '볼!'이라는 외침이 들리면, 플레이를 중단하고 주위를 살펴야 한다. 즐겁게 라운드를 나왔다가 볼에 맞아 상처를 입으면 오히려 언짢아질 수 있으므로 플레이어는 항상 조심한다.

볼이 사람이 있는 다른 홀로 날아갈 때는 '볼!'이라고 크게 외친다.

# 04 디보트의 뒤처리

### 디보트는 원상 복귀한다

아이언 클럽의 다운 블로 스윙 시 잔디가 뜯기는 일이 생기는데 이 흔적을 '디보트Divot'라고 부른다. 디보트를 방치하면 코스가 상하고 뒤에 플레이를 하는 사람들에게 피해를 줄 수 있으므로 원래 상태로 복원해야 한다.

복원 방법은 뜯긴 잔디를 가져다 원래 자리에 넣고 발로 밟아 주는 것이다. 만일 잔디가 충분하지 않아 틈이 벌어지면, 캐디가 가지고 온 모래로 틈을 메운다. 디보트를 원상 복귀하면 잔디는 뿌리를 내리고 자란다.

# 05 벙커에서의 에티켓

**벙커 샷을 친 다음에는 벙커 레이크로 바닥을 고른다**

벙커 안은 부드러운 모래로 채워져 있어서 들어가면 발자국이 생길 뿐만 아니라 샷의 흔적도 남는다. 그러므로 벙커 안에 들어갈 때는 되도록 볼과 가까운 지점에서 들어가고, 샷을 끝낸 후에는 자신의 발자국과 샷의 흔적을 말끔히 처리한다.

벙커 옆에 준비된 벙커 레이크rake, 고무래로 모래 바닥을 평평하게 고른 후 벙커 레이크를 원래 있던 자리에 놓는다. 흔히 캐디가 '제가 평평하게 했어요'라고 말하는데, 이것은 빠른 진행을 위한 것이며 원칙적으로는 본인 스스로 흔적을 없애야 한다.

벙커 샷 후 자신의 발자국을 벙커 레이크로 지우는 것은 기본 매너!

# 06 드롭은 어깨 높이에서

### 올바른 드롭 방법

'드롭Drop'이란 골프 규칙에 따라 볼을 옮겨 놓는 방법을 말한다. 드롭을 하려면 먼저 '홀에 접근하지 않는다'는 원칙을 기본으로, 원래 볼이 있던 지점 두 클럽 이내의 거리에서 드롭할 위치를 잡고 홀을 등지고 똑바로 선 다음, 볼을 들고 어깨 높이에서 팔을 완

홀을 등지고 똑바로 선 다음 볼을 들고 어깨 높이에서 팔을 완전히 펴서 드롭한다.

히 펴서 드롭한다. 그래야 볼이 떨어지면서 몸의 일부분에 닿지 않는다.

드롭은 두 번 반복할 수 있는데, 두 번 드롭을 했는데도 떨어진 볼이 많이 굴러가 버린 경우에만 '떨어진 지점'으로 생각되는 위치에 손으로 플레이스Place, 볼을 들어서 다시 제자리에 놓는 것할 수 있다.

드롭한 볼이 OB 구역 혹은 연못에 떨어지거나, 페널티 구역에 들어간다 해도 문제가 되지 않는다. 세 번째에는 주워 올려서 플레이스할 수 있기 때문이다.

# 07 B 그린에서의 볼 처리 방법

### B 그린은 사용하지 않는 그린

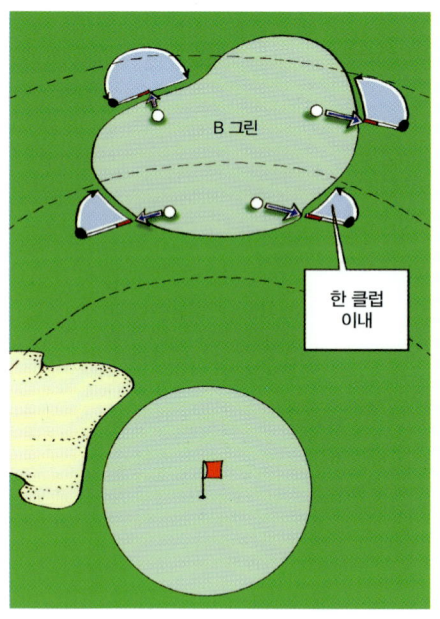

그린은 골프 코스의 꽃이라고 할 만큼 아주 중요한 곳이다. 하지만 많은 플레이어들이 그린을 밟아 쉽게 손상되므로 골프장에서는 두 개의 그린을 조성해 번갈아 사용한다. 이때 사용하지 않는 그린을 'B 그린'이라고 하며, 이곳에서는 플레이가 금지된다.

스루 더 그린에서 플레이하는 중에 볼이 B 그린으로 올라간 경우, 프로 선수들의 경기 외에는 그린 밖에서 드롭을 한 후 플레이한다. B 그린에서 드롭을 할 때는 가장 가까운 그린 밖으로 나가되, 핀에 가깝지 않은 곳이어야 한다. 이곳을 '니어리스트 포인트 Nearest Point'라고 한다.

니어리스트 포인트에서 핀에 가깝지 않은 방향으로 한 클럽 길이 이내가 드롭 존이며, 이곳에서 드롭한다.

Part
02

# 스루 더 그린에서의 전략과 스윙

# 01 페어웨이 우드 샷의 전략과 스윙

### 페어웨이 우드 샷의 전략

페어웨이 우드는 드라이버 다음으로 긴 클럽으로, 헤드 스피드가 빠르지 않은 사람도 볼을 잘 날릴 수 있어서 여성 골퍼에게 유용하다. 하이브리드 클럽을 사용하는 골퍼도 많은데, 하이브리드 클럽은 우드와 아이언의 중간 형태로, 헤드 크기가 우드보다 작아 볼을 치기 쉽다.

남성 골퍼들은 1·3·4번 또는 1·3번 우드로 세팅하는 반면, 여성 골퍼들은 1·3·4·5번 우드로 세팅하는 경우가 많다. 그만큼 힘이 부족한 여성

**▌여성에게 유용한 페어웨이 우드**

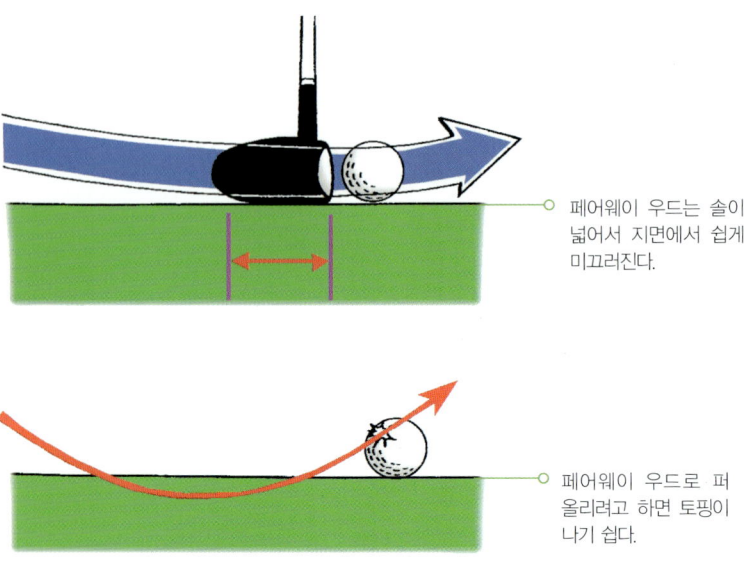

페어웨이 우드는 솔이 넓어서 지면에서 쉽게 미끄러진다.

페어웨이 우드로 퍼 올리려고 하면 토핑이 나기 쉽다.

골퍼에게 페어웨이 우드는 스코어를 줄일 수 있는 강력한 도구다.

페어웨이 우드는 롱 아이언과 달리 솔Sole, 클럽 헤드의 밑면의 폭이 넓어서 다소 뒤땅을 친다 해도 솔이 미끄러져 어느 정도의 비거리를 기대할 수 있다. 그러나 드라이버처럼 퍼 올리는 스윙을 하면 토핑Topping, 클럽의 리딩 에지로 공의 중앙 또는 그 윗부분을 때리는 미스 샷이 나기 쉽다. 왜냐하면 잔디 위에 있는 볼을 퍼 올리려고 하면 페어웨이의 넓은 솔이 지면에 튕겨 올라 솔의 맨 앞에 있는 리딩 에지가 떠오른 상태에서 볼을 때리기 때문이다.

## 페어웨이 우드 샷은 안전한 곳을 공략한다

여성 골퍼들이 파4홀이나 파5홀의 두 번째 샷에서 비거리를 목표로 샷을 할 때는 페어웨이 우드로 스윙을 하는 것이 유용하다. 즉, 거리가 많이 남은 잔디 위의 볼을 직접 칠 때는 페어웨이 우드로 샷을 하게 된다. 이때 주의할 점은 볼을 치기 전에 안전한 곳을 공략한다는 것이다.

페어웨이 우드 샷으로 직접 핀을 노릴 경우 볼이 벙커에 빠질 수 있으므로 안전한 장소를 목표로 샷을 한다. 예를 들어 그린 왼편에 벙커가 있는 경우 볼이 왼쪽으로 향하면 벙커에 빠질 수 있다. 이럴 때는 그린의 핀을 직접 노리기보다는 페어웨이 오른쪽의 안전한 장소를 목표로 삼는 것이 유리하다.

페어웨이 우드로 스윙을 할 경우에도 어드레스는 기본에 따라 충실히 한다. 즉, 볼 뒤편에서 볼이 날아갈 비구선을 그려 보고 목표 지점을 잡은 후, 타깃 라인에서 볼 앞 1미터 지점에 표식을 보고 타깃 라인과 평행하게 어드레스한다.

### 볼의 위치는 왼쪽 귀 앞

페어웨이 우드의 스탠스는 드라이버보다는 약간 좁고 미들 아이언(어깨 넓이)보다는 약간 넓다. 볼의 위치는 왼쪽 귀 앞이 적당하다. 즉, 드라이버 때보다 볼 1~2개 정도 안쪽에 둔다.

체중은 양발에 5:5로 균등하게 두고, 클럽 페이스를 살짝 오픈시킨다.

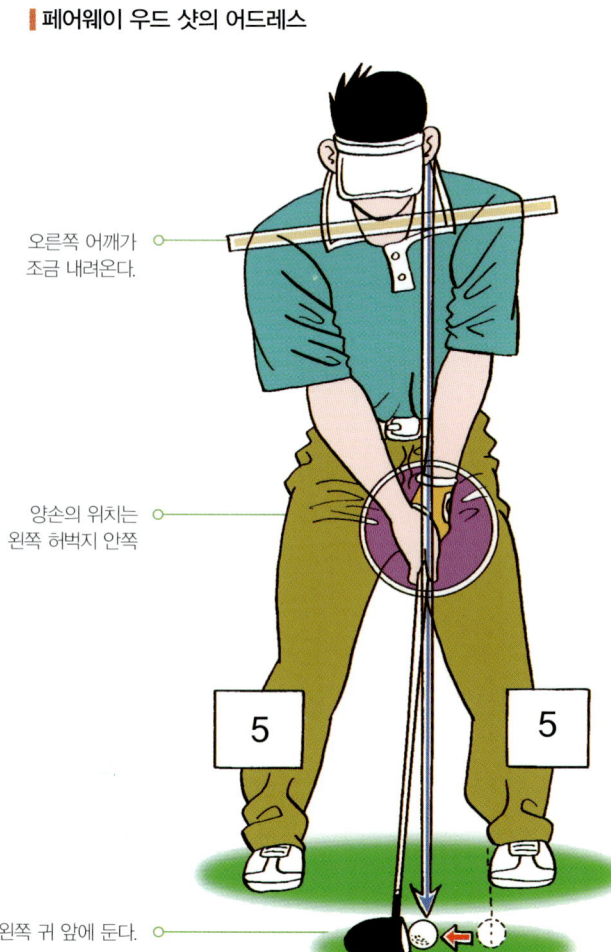

▎페어웨이 우드 샷의 어드레스

클럽 페이스를 타깃 라인과 직각으로 맞추면 클럽 솔의 뒷부분이 들려서 아이언처럼 다운 블로 스윙이 돼 뒤땅치기가 발생할 수 있다. 페어웨이 우드는 빗자루로 바닥을 쓸듯이 치는 사이드 블로 스윙을 해야 한다.

양손의 위치는 왼쪽 허벅지 안쪽 앞에 두면 된다. 드라이버·페어웨이 우드·아이언 모두 양손의 위치는 왼쪽 허벅지 안쪽 앞이다.

### 페어웨이 우드의 스윙 방법 : 볼을 쓸듯이 스윙한다

페어웨이 우드는 스윙 궤도의 최하점에서 임팩트가 이루어진다. 따라서 스윙을 할 때 클럽 헤드가 볼에 닿기 전부터 솔이 잔디 위로 미끄러지게 해서 낮고 길게 밀어 주는 것이 중요하다. 이렇게 하면 클럽 헤드가 임팩트 전후로 일직선으로 움직이는 구간이 늘어나면서 미스 샷이 줄어든다.

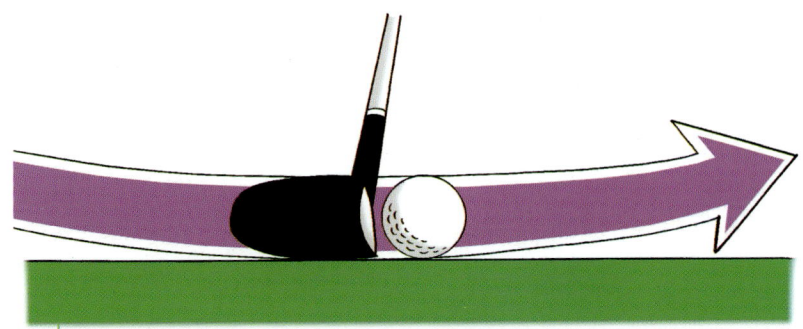

- 클럽 헤드가 볼에 닿기 전부터 솔이 잔디 위로 미끄러지도록 쓸듯이 스윙한다.
- 클럽 헤드를 낮고 길게 밀어 주면 클럽 헤드의 직선 구간이 늘어나서 미스 샷이 줄어든다.

우드로 스윙을 할 때 볼을 쓸듯이 할 수 있는 이유는 클럽 헤드의 바닥면, 즉 솔이 아이언에 비해 넓기 때문이다. 따라서 볼을 옆으로 쓸어 친다는 느낌으로 스윙을 하면, 넓은 솔이 잔디 위를 미끄러져 클럽 헤드에 가속도가 붙으면서 임팩트가 이뤄진다.

넓은 솔 덕분에 클럽 헤드가 약간의 더프 또는 토핑이 나는 실수를 하더라도 큰 미스 샷으로 이어지지 않으므로, 최대한 쓸듯이 스윙하는 것이 중요하다.

| 우드의 솔

솔

우드는 아이언보다 솔의 폭이 넓어 스윙이 쉽다.

# 02 미들 아이언 샷의 전략과 스윙

### 핀 앞에 벙커가 있다면 반대편 그린을 노린다

미들 아이언(6번~8번 아이언)으로 샷을 할 때는 핀의 위치와 그린 주변의 상황을 모두 확인해야 한다. 일반적으로 볼을 그린으로 올릴 때는 그린의 가운데를 노리고 친다. 그린 가운데를 노리면 볼이 좌우로 약간 휘더라도 그린 가장자리에 멈출 확률이 높기 때문이다. 게다가 그린 중앙으로 볼을 올렸을 경우 핀의 위치에 관계없이 2퍼트 이내에서 홀 아웃Hall Out을 할 수도 있다.

핀을 직접 노리면 벙커에 빠질 수 있다. 그린 한쪽에 벙커 등의 장애물이 있을 경우 그린을 이등분하여 장애물이 없는 나머지 반쪽을 목표로 하는 전략을 세운다.

그러나 핀이 좌측에 있고 그 앞에 벙커가 있다면 반대편인 오른쪽 그린을 노리는 것이 좋다. 직접 핀을 노리면 벙커에 빠질 수 있고, 그린 중앙도 자칫 볼이 왼쪽으로 휘면 벙커로 들어갈 수 있기 때문이다.

따라서 벙커가 없는 반대편 오른쪽 그린을 목표로 두 번째 샷을 하면 온 그린 성공률이 높아진다.

## 아이언 어드레스

아이언 샷은 다운 블로 스윙(볼을 위에서 내리치는 스윙)을 해야 볼이 로프트Loft, 클럽 헤드에 공이 닿는 면의 각도대로 날아간다. 그러기 위해서는 Y자형 어드레스를 한다.

Y자형 어드레스에서는 체중을 두 발에 5:5로 골고루 싣고, 눈은 볼 바로 위에서 내려다본다. 체중을 왼편에 많이 실으면 임팩트 이후 왼쪽 사이드가 막혀 스윙을 제대로 할 수 없다. 또한 드라이버처럼 K자형 어드레스를 하면 퍼 올리는 어퍼 스윙이 되어 더프나 토핑이 발생한다.

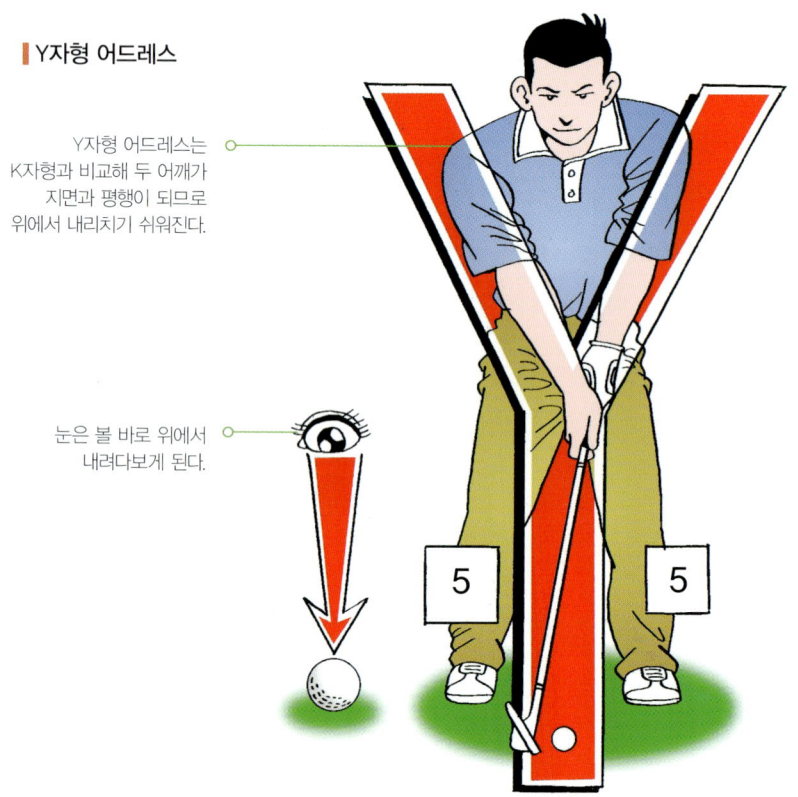

▎Y자형 어드레스

Y자형 어드레스는 K자형과 비교해 두 어깨가 지면과 평행이 되므로 위에서 내리치기 쉬워진다.

눈은 볼 바로 위에서 내려다보게 된다.

Y자형 어드레스를 취해 볼을 위에서 내려다보면 두 어깨가 K자형 어드레스와 비교했을 때 평행에 가깝게 된다. 그러나 이때도 오른손이 왼손보다 낮으므로 오른쪽 어깨도 왼쪽보다 조금 내려온다. 또한 볼이 스탠스 중앙에 오므로 클럽 샤프트가 지면에 비스듬히 내려온다. Y자형 어드레스를 취하면 볼을 위에서 내리치는 다운 블로(클럽 헤드가 볼의 최하점을 지난 직후에 볼을 때림) 스윙을 할 수 있어 볼을 보다 멀리, 또 높이 보낼 수 있다.

▎Y자형 어드레스에서의 스윙

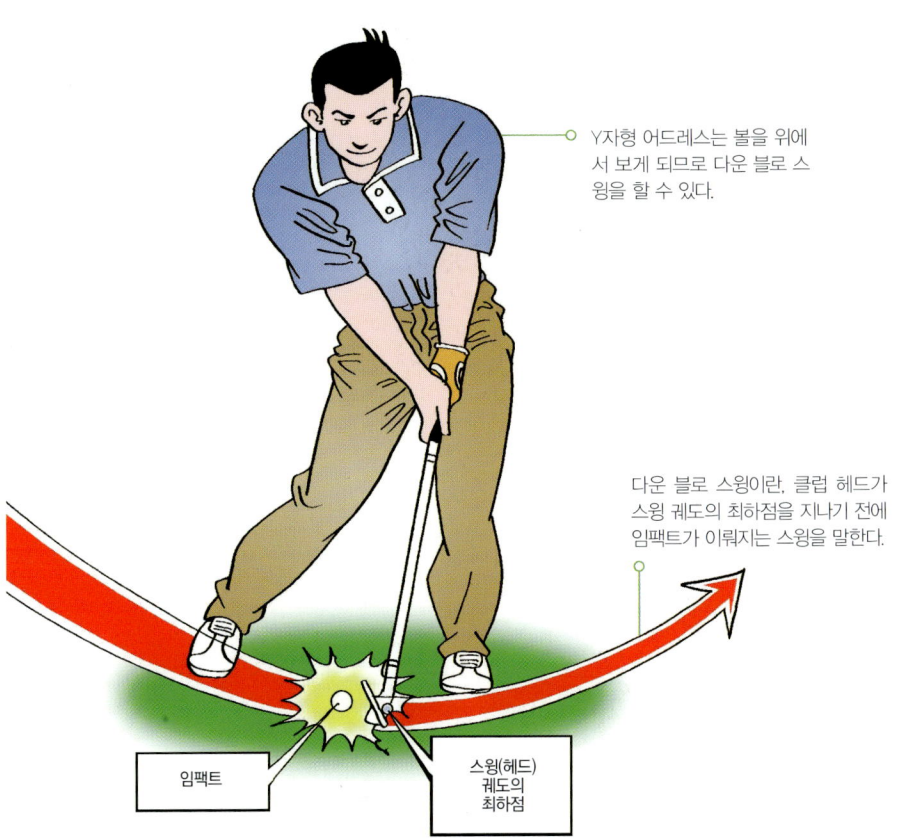

Y자형 어드레스는 볼을 위에서 보게 되므로 다운 블로 스윙을 할 수 있다.

다운 블로 스윙이란, 클럽 헤드가 스윙 궤도의 최하점을 지나기 전에 임팩트가 이뤄지는 스윙을 말한다.

임팩트

스윙(헤드) 궤도의 최하점

## 아이언 샷의 핵심은 다운 블로 스윙

아이언 샷은 임팩트 이후에 스윙 궤도의 최하점이 온다. 즉, 클럽 헤드가 아래로 내려가면서 임팩트가 이루어지므로 아이언 샷을 '다운 블로 샷', 또는 '다운 블로 스윙'이라고 한다.

▎다운 블로 스윙

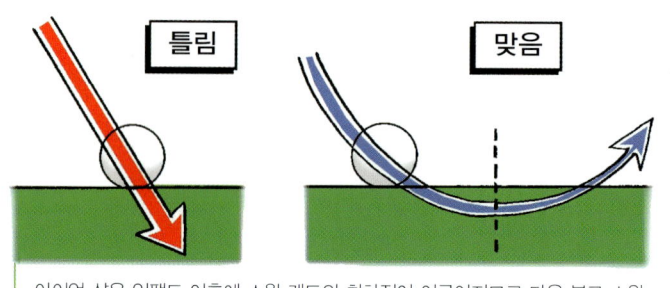

아이언 샷은 임팩트 이후에 스윙 궤도의 최하점이 이루어지므로 다운 블로 스윙이 된다.

다운 블로 스윙을 하기 위해서는 양손의 위치가 왼쪽 허벅지 앞쪽에 오는 자세(핸드 퍼스트 자세)를 취한 후 양쪽 발에 반반씩 체중을 싣는 Y자형 어드레스를 취한다.

스윙을 할 때 억지로 헤드를 땅에 처박으려 하면 잔디가 파인다. 하지만 쳐야 하는 것은 잔디가 아니라 볼이다.

■ 양손이 왼쪽 허벅지 앞쪽에 위치하는 자세

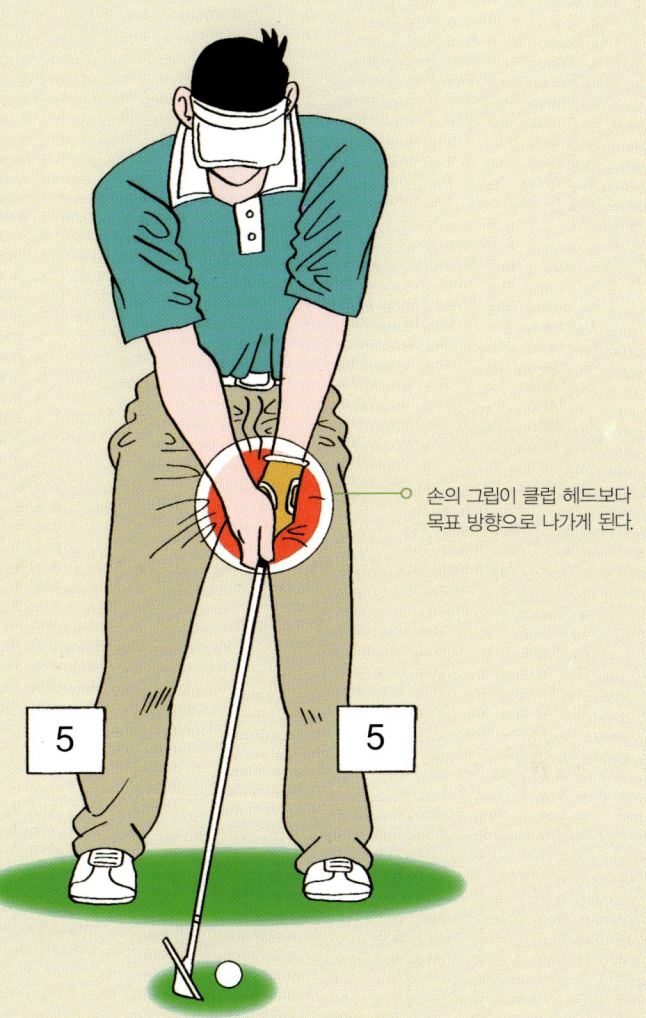

손의 그립이 클럽 헤드보다 목표 방향으로 나가게 된다.

# 숏 아이언 샷의 전략과 스윙

### 핀을 직접 공략한다

숏 아이언은 9번 아이언과 웨지(어프로치 웨지·샌드 웨지·피칭 웨지)를 말한다. 미들 아이언(6번~8번 아이언)으로 제2타를 쳤는데도 온 그린On Green을 하지 못했을 때 사용하는 클럽이 바로 숏 아이언이다. 따라서 숏 아이언은 지점을 노리는 클럽이라고 할 수 있다. 그린에 올리는 것이 일차 목표이지만 경우에 따라서는 좀 더 적극적으로 핀을 공략할 수 있는 클럽이다.

볼과 핀까지의 거리가 가까울수록 정확성이 요구되므로 연습할 때 9번 아이언과 웨지의 비거리가 어느 정도인지 확실히 파악해 두어야 한다.

### 볼의 위치는 스탠스 중앙에서 오른쪽으로 가까워진다

▌볼의 위치

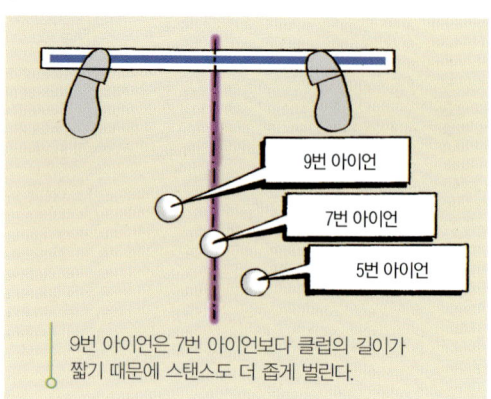

9번 아이언은 7번 아이언보다 클럽의 길이가 짧기 때문에 스탠스도 더 좁게 벌린다.

숏 아이언처럼 클럽의 길이가 짧을수록 스탠스는 어깨 넓이보다 좁아지고, 볼은 스탠스 중앙에서 오른발 쪽에 가까워진다. 양손의 위치는 언제나 왼쪽 허벅지 안쪽 앞이다.

## 왼팔과 클럽 샤프트를 일직선으로 유지

숏 아이언은 클럽의 길이가 짧은 만큼 볼과 가깝게 자세를 취하며, 이때 양팔은 다른 클럽과 마찬가지로 자연스럽게 늘어뜨린다.

숏 아이언에서는 볼이 오른발에 가까이 놓이므로 어드레스 때 왼팔과 클럽이 일직선이 된다.

▌숏 아이언의 어드레스 자세

어드레스 때 왼팔과 클럽을 일직선으로 만든다.

## 숏 아이언 샷은 80%의 힘으로 3/4 스윙

숏 아이언은 핀을 노리는 클럽이라고 할 수 있다. 따라서 숏 아이언은 풀 스윙을 하는 클럽이 아니라 타수를 줄이는 것이 목표이다. 거리를 내는 클럽이 아니라 컨트롤을 위주로 하는 클럽이다.

이를 위해서는 미들 아이언보다 스윙을 간결하게 하는 것이 좋다. 즉, 80퍼센트의 힘으로 3/4 스윙(어깨는 90도로 회전시키지만 백 스윙 톱의 높이를 평소보다 3/4 높이로 낮게 함)을 기본으로 한다. 하지만 간결한 스윙이라 하더라도 손으로만 클럽을 휘둘러서는 안 되며, 왼발과 허리, 즉 하체가 리드하는 스윙이어야 한다.

어드레스에서의 손목 각도를 유지하면서 3/4 백 스윙을 하고, 피니시 역시 백 스윙과 마찬가지로 3/4 정도로 억제해서 볼을 그린으로 안전하게 운반한다는 느낌으로 스윙한다.

▌숏 아이언 샷의 백 스윙

어깨는 90도로 회전시키지만 백 스윙시 톱의 높이를 평소보다 3/4 높이로 낮게 한다.

### 숏 아이언 샷도 다운 블로 스윙

아이언 샷은 볼을 직접 때리는 다운 블로 스윙이어야 한다. 이것은 숏 아이언 샷도 마찬가지이다. 따라서 숏 아이언 샷도 다운 블로 스윙을 한다.

골프 연습장에서 아이언 샷을 하면서 '퍽' 하고 매트 치는 소리를 내는 골퍼들도 있는데, 이것은 뒤땅치기를 하고 있다는 증거이다. 매트에서는 약간 뒤땅을 쳐도 볼이 어느 정도 나가지만, 실전 라운드를 하는 잔디에서는 비거리가 전혀 나오지 않는다는 것을 명심해야 한다.

숏 아이언 샷도 미들 아이언 샷과 마찬가지로 임팩트 직후에 스윙 궤도의 최하점이 오는 다운 블로 스윙을 해야 한다.

숏 아이언 샷도 미들 아이언 샷과 마찬가지로 볼을 직접 때리는 다운 블로 스윙이어야 한다.

틀림

결코 뒤땅을 치는 샷이 아니다.

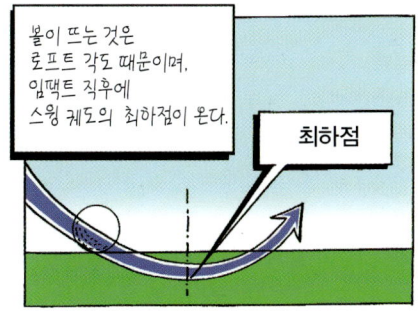

볼이 뜨는 것은 로프트 각도 때문이며, 임팩트 직후에 스윙 궤도의 최하점이 온다.

최하점

# 04 어프로치 샷의 종류와 스윙

### 어프로치 샷과 그 종류

'어프로치 샷Approach Shot'이란 그린까지의 거리가 100야드(91미터) 이내인 지점에서 핀을 향해서 치는 샷을 말한다. 치는 방법도 남은 거리에 따라 여러 가지인데, 크게 나누어 러닝 어프로치Running Approach · 피치 앤드 런Pitch & Run · 피치 샷Pitch Shot의 세 가지가 있다.

'러닝 어프로치'는 그린 가장자리에서 핀까지 볼을 굴려 보내는 샷을 말하며, '칩 샷Chip Shot'이라고도 한다. '피치 앤드 런'은 볼을 쳐 올려서 70퍼센트는 띄우고 30퍼센트 정도는 굴리는 샷을 말한다. '피치 샷'은 핀 앞에 벙커가 있거나 거리가 긴 경우에 하는 샷으로, 볼을 위로 띄운 후 지면에 닿는 즉시 멈추도록 치는 샷을 말한다.

▎어프로치 샷의 종류

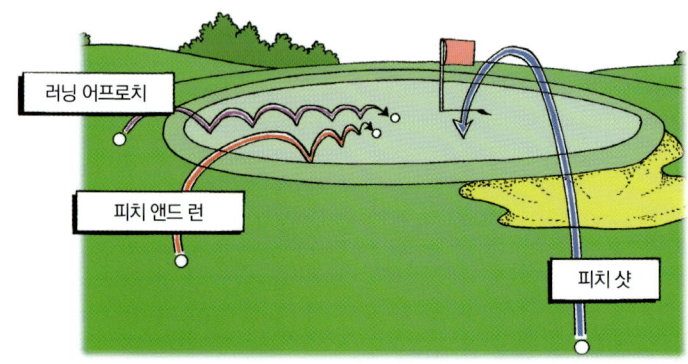

## 짧은 어프로치 샷의 어드레스 : y자형 어드레스

그린 주변에 와서 짧은 어프로치 샷을 실패하는 것처럼 속상한 일도 없다. 대체로 이러한 실패의 원인은 잘못된 어드레스 때문이다. 어프로치 샷은 비거리를 내는 샷이 아니므로 큰 자세를 잡을 필요가 없다. 스탠스도 좁게 하고 몸도 좁게 해서 자세를 잡아야 한다.

짧은 어프로치 샷은 소문자 y자형 어드레스를 취한다. 스탠스는 좁게 하고 체중을 왼발에 6, 오른발에 4로 싣고, 눈은 볼 바로 위에서 내려다본다.

y자형 어드레스 자세를 유지한 채 스윙을 할 때는 하체를 움직이지 않고

▌y자형 어드레스

y자형은 스탠스를 좁게 하고 체중은 왼발에 조금 더 싣는다. 눈은 볼 바로 위에서 내려다본다.

어깨와 팔만으로 하며, 볼을 위에서 그대로 내리치는 것이 핵심이다.

예를 들어 백 스윙을 하프 스윙으로 했다면, 다운 스윙 역시 하프 스윙만 한다. 즉, 들어 올렸다가 내리치는 것뿐이므로 실수가 적고 거리를 맞추기도 쉽다.

## 러닝 어프로치

그린 에지에서 핀까지 볼을 굴려 보내는 러닝 어프로치는 그린까지 남은 거리가 짧고 도중에 러프Rough, 그린 및 해저드를 제외한 코스 내 페어웨이 이외의 부분으로, 풀이나 나무 등이 그대로 있는 지대가 없는 좋은 라이에서 친다.

러닝 어프로치는 클럽을 짧게 쥐고 왼팔과 샤프트를 일직선으로 만들어 스탠스를 좁게 해 가벼운 오픈 스탠스를 취한다. 이때 체중은 왼발에 실리도록 어드레스한다. 볼의 위치는 스탠스의 중심에 위치하고 양발은 타깃 라인과 약 15도 정도로 오픈한다. 클럽 페이스는 스퀘어어드레스 혹은 임팩트를 할 때 클럽 페이스가 홀을 직선적으로 바라보는 것로 한 채 손목을 사용하지 않고 양어깨의 회전만으로 스윙한다.

그린 에지 등 잔디가 짧은 곳에서는 퍼터를 사용하며, 그 외의 곳에서는 6번이나 7번 아이언 등 로프트가 아주 크지 않은 아이언으로 공을 살짝 굴리듯 스윙한다.

## 러닝 어프로치의 어드레스

# 05 벙커 샷의 종류와 스윙

### 벙커 샷이란?

'벙커 샷Bunker Shot'이란 글자 그대로 벙커 안에서 볼을 치는 샷을 의미한다. 벙커는 코스 안에 조성된 모래 웅덩이를 뜻하는데, 그린 벙커Green Bunker와 크로스 벙커Cross Bunker, 일명 60야드 벙커 두 가지가 있다.

그린 벙커는 그린 주변에 조성된 벙커이며, 이때의 벙커 샷은 볼 바로 앞의 그라운드, 즉 모래를 치는 익스플로전 샷*으로 모래의 폭발력을 이용하여 볼을 밖으로 밀어낸다. 일반적으로 벙커 샷이라고 하면 그린 벙커에서 치는 샷을 말한다. 그린 주변 벙커는 턱이 높기 때문에 폭발적인 샷을 쳐야 한다.

크로스 벙커는 페어웨이 중간에 조성된 벙커로, 이때의 벙커 샷은 볼을 직접 친다. 그래야 거리를 낼 수 있다.

---

\* 익스플로전 샷(Explosion Shot)은 벙커에 들어간 공을 쳐 낼 때, 바로 앞의 모래와 함께 폭발시키듯 공을 날리는 타법을 말한다. 블라스트(blast)라고도 한다.

## ▎그린 벙커 샷

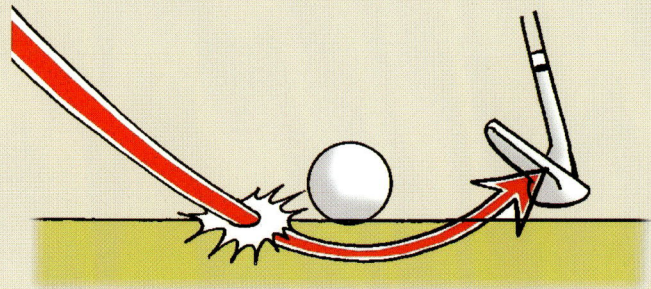

그린 벙커에서는 볼 앞의 지점에 골프 클럽을 강하게 쳐서 그 폭발력으로 볼을 쳐올린다.

## ▎크로스 벙커 샷

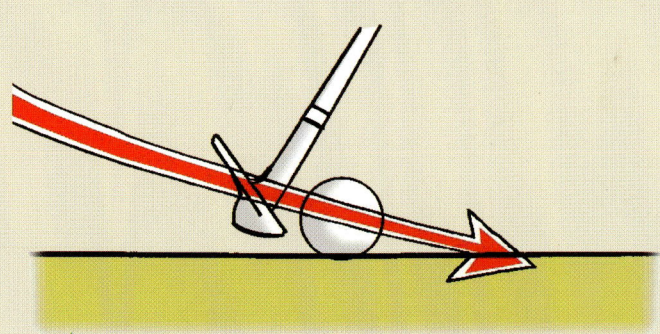

크로스 벙커에서는 그린 벙커와 달리 직접 볼을 친다.

## 벙커 샷의 기본

주말 골퍼들이 어렵게 생각하는 그린 주변의 벙커 샷도 기본을 알면 쉽게 쳐낼 수 있다. 벙커 샷은 불안정한 모래 위에 서서 볼 앞의 지점에 골프채를 처박아 그 폭발력으로 쳐올리는 특수한 샷이다.

　스탠스를 넓게 하고 오픈으로 서지만, 양어깨는 타깃 라인과 평행을 유지하고 선다. 백 스윙은 오픈 스탠스에 맞게 아웃-인의 궤도가 되며, 다운 스윙 역시 백 스윙과 마찬가지로 오픈 스탠스를 이용한 아웃-인의 커트 타법을 이용한다.

### 벙커 샷의 어드레스

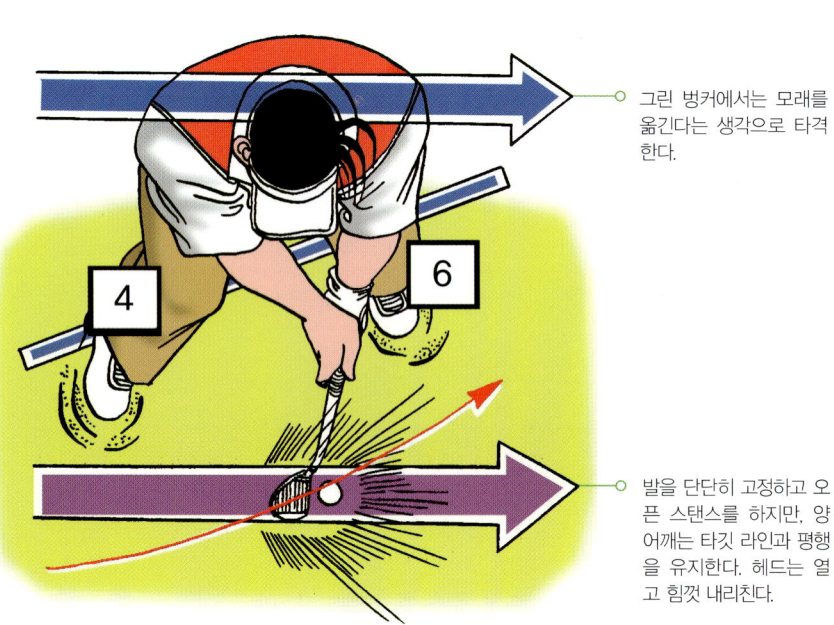

그린 벙커에서는 모래를 옮긴다는 생각으로 타격한다.

발을 단단히 고정하고 오픈 스탠스를 하지만, 양어깨는 타깃 라인과 평행을 유지한다. 헤드는 열고 힘껏 내리친다.

## 벙커 샷 성공하기

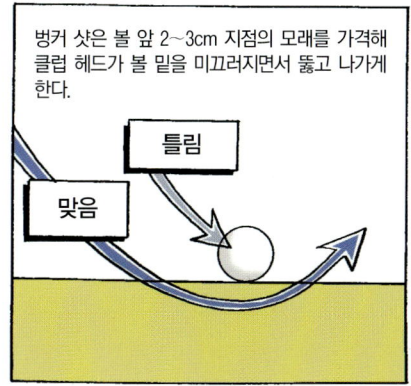

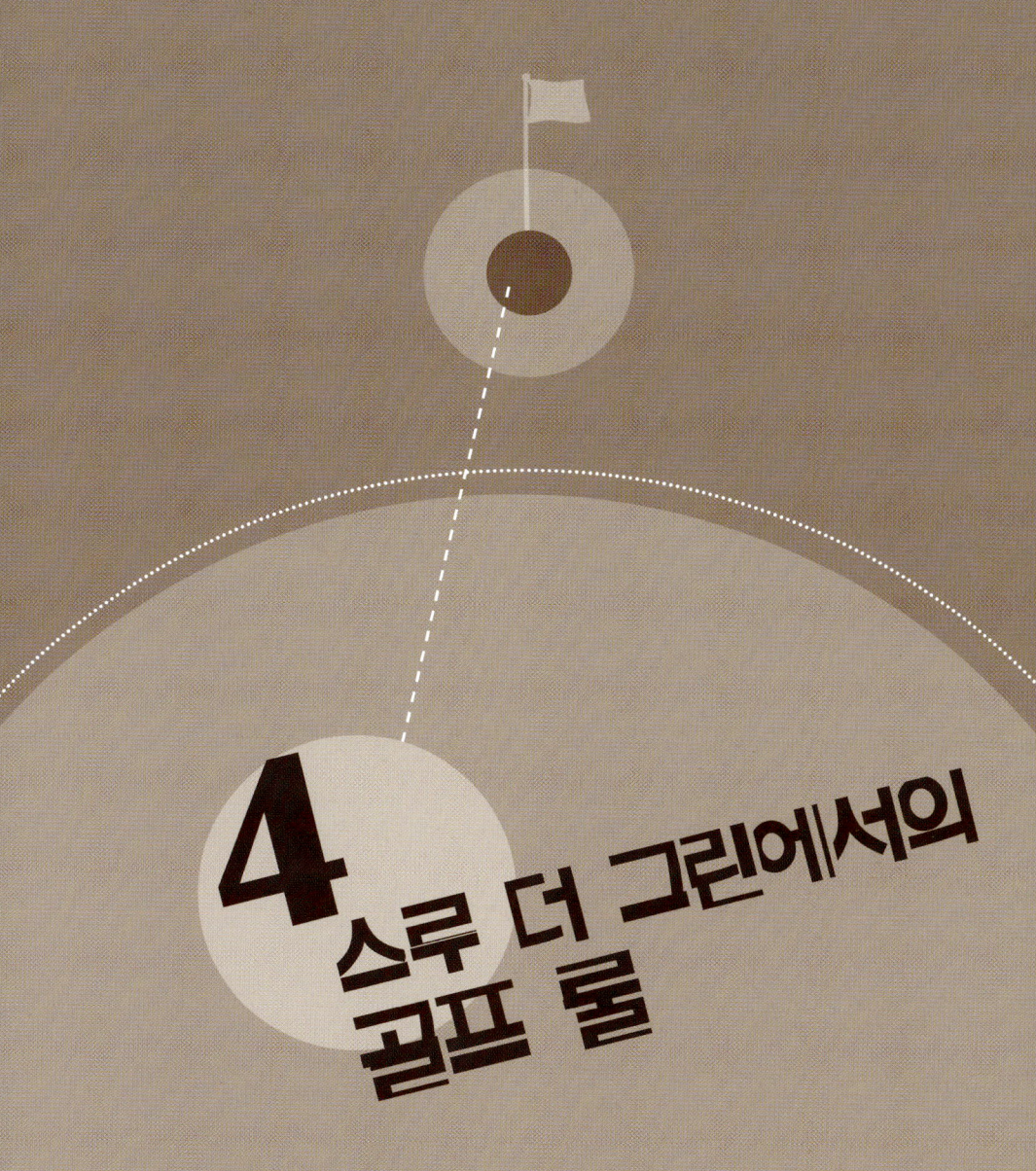

Part
01

# 볼 찾기

# 01 식별할 수 없을 정도로 흙 묻은 볼

## Question

소나기가 심하게 내려서 볼에 진흙이 달라붙었다. 도저히 볼을 알아볼 수 없는데, 볼을 닦을 수 있는가?

## Answer

진흙이 볼을 덮어서 내 볼인지 식별이 어렵다면 벌타 없이 집어 올려 닦을 수 있다. 닦은 볼이 자신의 볼이라면 리플레이스하고 플레이를 계속한다.

주의할 점은 볼을 집어 올리기 전에 마커나 동반 경기자에게 자신의 의사를 알리고, 그 볼의 위치를 마크하는 것이다. 만일 플레이어가 사전에 알리지 않고 볼을 집어 올리거나, 볼의 위치를 마크하지 않거나, 상대방이나 마커 혹은 동반 경기자에게 볼 수 있는 기회를 주지 않거나, 식별할 수 있는 한도 이상으로 닦을 경우에는 1벌타를 받고 볼을 리플레이스한다.

한편, 식별할 수 있지만 흙이 많이 묻었다는 이유로 볼을 집어 올려 닦는다면 인플레이 볼을 건드린 것이므로, 1벌타를 받고 원위치에 갖다 놓은 다음 플레이를 해야 한다.

흙 묻은 볼을 무벌타로 닦을 때는 마크를 하고 식별할 수 있을 정도로만 닦는다.
- 스트로크 플레이 : 무벌타 + 리플레이스
- 매치 플레이 : 무벌타 + 리플레이스

# 02 러프에 들어간 볼을 찾으려고 긴 풀을 만진 경우

### Question

티 샷을 한 볼이 그만 슬라이스가 나면서 페어웨이 우측으로 살짝 비껴나 러프에 빠졌다. 그런데 러프의 풀이 워낙 높아서 풀을 젖혀 보지 않으면 볼을 찾기 어려운 상황이다. 긴 풀을 만져도 되는가?

### Answer

러프에 들어간 볼을 찾을 수 없어서 긴 풀을 헤치면서 찾는 것은 벌타 없이 가능하다.

골프 규칙상 코스 위 어느 곳이든 자신의 볼을 찾기 위해 긴 풀·골풀·관목·가시 금작나무·히스 또는 이와 유사한 것들을 만지거나 구부릴 수 있다. 하지만 이런 행동이 볼의 라이, 의도하는 스탠스나 스윙 구역 또는 플레이 선을 개선하지 않아야 한다.

위의 경우 벌타 없이 볼이 있는 상태 그대로 플레이를 계속할 수 있다. 그러나 볼의 라이 등을 개선했다면 2벌타를 받는다.

**러프에서 긴 풀을 만지는 것은 가능**
- **스트로크 플레이** : 무벌타
- **매치 플레이** : 무벌타

# 러프에 빠진 볼을 확인하려고 마크 없이 돌려놓은 경우

## Question

러프에 절반쯤 묻혀 있는 볼을 확인할 목적으로 동반 경기자에게 내 의사를 알리고 마크 없이 볼을 돌려놓았다. 물론 필요성을 느끼지 못해서 마크를 하지 않은 것이다. 어떻게 되는가?

## Answer

결론부터 말하면, 마크 없이 볼을 만졌으므로 플레이어는 1벌타를 받고 그 볼은 리플레이스해야 한다.

볼을 확인할 목적으로 집어 올리려면 볼의 위치에 반드시 마크를 해야 한다. 위의 경우 플레이어가 벌타 없이 볼을 돌려서 확인하려면, 먼저 마크를 한 다음에 볼을 돌려놓아야 한다.

골프 규칙은 엄격히 적용되므로 '이러면 되겠지!'라는 생각으로 게임에 임하면 벌타를 받을 가능성이 그만큼 높다.

**마크 없이 볼을 돌려놓았다면**
- 스트로크 플레이 : 1벌타 + 리플레이스
- 매치 플레이 : 1벌타 + 리플레이스

# 04 러프에 빠진 볼을 실수로 건드린 경우

**Question**

러프에 빠진 내 볼을 찾다가 발로 볼을 건드려 움직였다. 벌타를 받아야 하는가?

**Answer**

위의 경우 비록 실수라 해도 1벌타를 받고 볼을 리플레이스한 다음 플레이해야 한다. 그런데 자신의 볼이 아니라 동반자의 볼을 건드렸다면, 벌타 없이 볼을 리플레이스한 다음 경기를 진행한다.

하지만, 자신의 플레이 결과로 남의 볼을 움직이게 했다면 1벌타가 추가된다. 즉, A가 스윙을 하면서 수풀을 휘젓는 바람에 A의 볼과 인접한 B의 볼이 움직였다면 A에게 1벌타가 부과된다.

퍼팅 그린과 마찬가지로 러프나 페어웨이 벙커에서도 자신의 플레이가 동반자의 볼을 움직일 가능성이 있다면, 볼의 위치를 마크한 뒤 집어 올리도록 요구할 수 있다.

**볼을 실수로 건드렸다면**
- 스트로크 플레이 : 1벌타 + 리플레이스
- 매치 플레이 : 1벌타 + 리플레이스

# 05 수리지 안에서 볼을 찾다가 자기 볼을 움직인 경우

## Question

마른 풀을 쌓아 놓은 수리지 안으로 들어간 볼을 찾다가 그만 발로 볼을 움직였다. 수리지에서는 구제를 받을 수 있다고 하는데, 어떻게 구제를 받을 수 있는가?

## Answer

비정상적인 코스 상태(캐주얼 워터, 수리지 또는 구멍 파는 동물이나 파충류, 새들에 의하여 코스에 만들어진 구멍·쌓인 흙·통로) 안에 정지된 볼을 찾다가 잘못해서 볼을 움직였어도 벌타는 없다. 움직인 볼을 처리하는 방법은 두 가지이다.

첫째, 비정상적인 상태에서 그대로 플레이를 하는 것이 유리하다고 판단되면, 볼을 리플레이스하고 플레이한다.

둘째, 구제받는 것이 유리하다고 판단되면, 1클럽 이내에서 드롭을 할 수 있다. 이때는 홀에 접근하지 않고 그 상태에서의 방해를 피하며, 해저드 안이나 퍼팅 그린 위가 아닌, 볼이 정지하고 있는 곳에서 가장 가까운 코스상의 지점을 결정해서 드롭한다.

**수리지 안에서 볼을 움직였다면**
- 스트로크 플레이 : 무벌타 + 리플레이스 또는 드롭
- 매치 플레이 : 무벌타 + 리플레이스 또는 드롭

Part
02

# 정지된 볼과 움직이는 볼

# 어드레스 중 헤드가 볼에 닿아 흔들린 경우

## Question

페어웨이에 안착한 볼을 기분 좋게 두 번째 샷을 하려고 어드레스를 하는데 그만 헤드가 볼에 닿아 흔들렸다. 볼이 움직이지는 않았지만 분명히 흔들렸는데, 벌타가 있는지?

## Answer

어드레스 상태에서 클럽을 볼에 대보지 않을 수 없다. 그런데 실수로 헤드가 볼에 닿아 볼이 흔들리는 경우가 종종 있다. 볼이 위치를 바꾸지 않고 그냥 흔들렸다면 벌타 없이 그 자리에서 플레이를 할 수 있다.

하지만 플레이어 또는 그의 캐디가 볼을 집어 올리거나, 고의로 볼에 접촉하거나, 움직이게 했다면 1벌타를 받는다.

위 물음의 경우 어드레스를 할 때 클럽을 볼에 접촉하는 것은 제외되므로 벌타는 없다. 다만, 인플레이 볼이 어드레스를 한 후에 움직였다면 1벌타를 받으므로 주의한다.

**어드레스 중 헤드가 볼에 닿아 흔들렸지만 볼은 움직이지 않았다면**
- 스트로크 플레이 : 무벌타 + 그대로 진행
- 매치 플레이 : 무벌타 + 그대로 진행

# 02 스탠스를 한 상태에서 볼이 그냥 움직인 경우

## Question

약간 경사진 면에 볼이 멈춰 섰다. 어드레스를 하려고 스탠스를 하는 중에 바람이 세게 불면서 볼이 움직였다. 클럽은 지면에 대지 않은 상태인데, 어떻게 해야 하는가?

## Answer

스탠스를 취하는 도중에 볼이 움직였다면 아직 어드레스를 취하지 않은 것이므로, 볼은 어드레스를 하기 전에 움직인 것이 된다.

위의 경우 어드레스를 하지 않았기 때문에 벌타는 없다. 다만, 바람은 국외자가 아니므로 볼이 움직이다가 정지한 상태 그대로 플레이를 하여야 한다.

주의할 것은 어드레스 전이라도 플레이어 실수로 볼을 건드려서 움직였다면, 1벌타를 받고 리플레이스를 해야 한다.

**어드레스 전에 바람이 불어 볼을 움직였다면**
- 스트로크 플레이 : 무벌타 + 그대로 진행
- 매치 플레이 : 무벌타 + 그대로 진행

# 03 어드레스 후에 볼이 디보트로 들어간 경우

## Question

디보트 앞에서 볼이 겨우 정지돼서 안도의 한숨을 쉬고 어드레스를 했는데, 그만 볼이 디보트 속으로 들어가고 말았다. 정말로 억울한 상황인데, 어떻게 되는가?

## Answer

비록 억울한 상황일지라도 규정은 규정이다. 위 물음의 경우 분명히 볼이 어드레스 이후에 움직인 것이므로, 골프 규칙대로 1벌타를 받고 볼을 원위치에 리플레이스해서 플레이를 계속한다.

**어드레스 후에 볼이 디보트로 들어갔다면**
- 스트로크 플레이 : 1벌타 + 리플레이스
- 매치 플레이 : 1벌타 + 리플레이스

# 어드레스 중에 볼이 OB 구역으로 들어간 경우

## Question

경사진 OB 경계선 가까이에 볼이 멈췄다. 신중히 어드레스를 했는데 그만 바람이 불면서 볼이 OB 구역으로 들어갔다. 어떻게 처리해야 되는가?

## Answer

위 경우도 분명 어드레스 이후에 볼이 움직인 것이다. 따라서 1벌타를 받고 볼을 원위치에 리플레이스를 한 다음 플레이를 계속한다.

다만, 볼이 OB 구역에 들어간 것에 대한 벌타는 없다.

어드레스 중에 볼이 OB 구역으로 들어갔다면
- 스트로크 플레이 : 1벌타 + 리플레이스
- 매치 플레이 : 1벌타 + 리플레이스

# 백 스윙 시 움직인 볼을 그대로 친 경우

### Question

경사진 면에서 백 스윙을 하는데 바람이 불면서 볼이 살짝 움직였다. 그냥 무시하고 스윙을 해서 볼을 쳤는데, 어드레스 후에 움직인 볼의 규정을 받는가?

### Answer

인플레이 볼이 어드레스를 한 후에 움직인 것이므로 1벌타를 받는다. 게다가 볼을 스트로크했으므로 1타 처리된다. 따라서 2타(1벌타+1스트로크)가 되며, 볼은 떨어진 상태 그대로 플레이한다.

그러나 티 샷에서는 스루 더 그린과 다른 적용을 받는다. 티잉 그라운드에 있는 볼은 티 샷 이전에는 인플레이 볼이 아니다. 그러므로 백 스윙 순간에 볼이 움직여도 인플레이 전이므로 벌타는 없으며, 스트로크 시(1타 처리) 볼이 떨어진 상태 그대로 플레이한다.

**백 스윙 시 움직인 볼을 쳤다면**
- 스트로크 플레이 : 1벌타 + 그대로 진행
- 매치 플레이 : 1벌타 + 그대로 진행

# 볼 주변의 나뭇가지를 치우다가 볼을 움직인 경우

## Question

볼 근처 1클럽 길이 이내에 있는 작은 나뭇가지는 루스 임페디먼트이므로 치울 수 있는 것으로 알고 치웠는데, 나뭇가지로 볼을 건드려 움직이고 말았다. 어떻게 되는가?

## Answer

비록 나뭇가지가 '루스 임페디먼트(돌·나뭇잎·나뭇가지·동물의 똥·벌레 등)'임에는 틀림없다. 하지만 플레이어가 루스 임페디먼트에 접촉한 후에 볼이 움직였다면, 어드레스하기 전이라도 볼을 움직인 것으로 간주해 1벌타가 부과된다. 그러므로 움직인 볼을 원위치에 리플레이스한 후에 플레이를 계속한다.

그러나 퍼팅 그린에서는 스루 더 그린과 다른 적용을 받는다. 퍼팅 그린에서 루스 임페디먼트를 제거하다가 실수로 볼을 움직였어도 벌타는 없고, 단지 움직인 볼을 리플레이스하면 된다.

나뭇가지를 치우다가 볼을 움직였다면
- 스트로크 플레이 : 1벌타 + 리플레이스
- 매치 플레이 : 1벌타 + 리플레이스

# 07 스윙 연습 중 클럽에 볼이 맞은 경우

## Question

연습 스윙을 하다가 실수로 클럽이 볼에 닿아서 움직이고 말았다. 어떻게 되는가?

## Answer

자신의 인플레이 볼을 실수로 움직였으므로 1벌타를 받고, 원위치에 리플레이스를 한 다음 플레이한다.

이때 리플레이스를 하지 않으면 다시 1벌타를 받게 되므로 반드시 리플레이스를 한다.

**스윙 연습 중 볼이 클럽에 맞아 움직였다면**
- 스트로크 플레이 : 1벌타 + 리플레이스
- 매치 플레이 : 1벌타 + 리플레이스

# 08 공용의 캐디가 분실구라고 착각해서 볼을 집어 올린 경우

## Question

플레이 도중에 나와 상대방을 함께 보조해 주는 캐디(공용의 캐디)가 분실구인 줄 알고 볼을 집어 올렸는데, 인플레이 중인 내 볼이었다. 내 실수가 아니라서 억울한데, 어떻게 되는가?

## Answer

공용共用의 캐디란 곧 플레이어 자신의 캐디이기도 하다. 골프 규칙상 한 명의 캐디를 공용한 경우 볼과 관련된 문제가 일어난다면, 그 볼 소유자의 캐디로 간주한다. 그러므로 인플레이 중인 내 볼을 나의 캐디가 움직였으므로 내 책임이 되어 1벌타를 받고, 리플레이스한 다음 플레이한다. 이때 리플레이스를 하지 않으면 2벌타를 받는다.

**공용의 캐디가 착각해서 볼을 집어 올리면**
- 스트로크 플레이 : 1벌타 + 리플레이스
- 매치 플레이 : 1벌타 + 리플레이스

만일 동반 경기자의 캐디가 분실구를 집어 올렸는데 그 볼이 인플레이 중인 나의 볼이라면, 동반 경기자의 캐디는 국외자이므로 볼을 움직였어도 벌타를 받지 않는다. 리플레이스하여 플레이를 계속하면 된다.

# 동반 경기자의 볼을 집어 올린 경우

### Question

분실구인 줄 알고 볼을 집어 올렸는데, 동반 경기자의 볼이었다. 이 경우 나에게는 벌타가 없는가?

### Answer

동반 경기자의 볼은 인플레이 중인 자신의 볼이 아니므로 국외자이다.

스트로크 플레이에서의 국외자란 경기자 편(경기자 자신·그의 캐디·캐디 백 및 골프 카트 등의 휴대품) 이외의 사람과 사물을 가리킨다. 개나 까마귀가 볼을 물어 가도 국외자가 볼을 움직인 것이다.

국외자가 움직인 볼은 벌타 없이 볼이 있던 자리에 리플레이스하면 된다.

**동반 경기자의 볼을 집어 올리면**
- **스트로크 플레이** : 무벌타 + 리플레이스
- **매치 플레이** : 무벌타 + 리플레이스

동반 경기자의 입장에서는 나 역시 국외자이므로, 벌타 없이 원위치에 리플레이스하고 플레이를 계속한다.

# 10 골프 카트를 운전하다가 자신의 볼을 움직인 경우

**Question**

공용으로 쓰는 골프 카트를 운전하다가 잘못하여 인플레이 중인 내 볼을 움직였다. 어떻게 되는가?

**Answer**

같은 조에 속한 플레이어(경기자)들이 공용으로 쓰는 골프 카트는 같은 조에 속한 모든 플레이어들의 휴대품이다. 자신이 골프 카트를 몰고 가던 중에 자신의 볼을 움직였다면, 플레이어가 볼을 움직인 원인이 되므로 1벌타를 받고, 그 볼은 리플레이스해서 플레이한다.

그러나 동반 경기자의 볼을 움직였다면 국외자이므로, 벌타 없이 리플레이스하면 된다.

카트 운전 중에 자신의 볼을 움직였다면
- **스트로크 플레이** : 1벌타 + 리플레이스
- **매치 플레이** : 1벌타 + 리플레이스

# 스트로크한 볼에 동반 경기자가 맞은 경우

## Question

페어웨이에서 두 번째 샷을 멋지게 했는데, 그만 앞쪽에서 걸어가던 동반 경기자를 맞히고 정지되었다. 비거리가 준 것도 아까운데 행여 벌타까지 받는가?

## Answer

동반 경기자 역시 국외자에 해당하므로, 위의 경우 벌타는 없다.

다만 볼이 우연히 국외자에 의하여 정지되거나 방향을 바꾸었다 하더라도 '럽 오브 더 그린'이므로, 플레이어에게 벌타는 없으나 그 볼은 있는 상태 그대로 플레이해야 한다.

스트로크를 한 볼이 동반 경기자의 캐디에게 맞은 경우 역시 국외자이므로 벌타 없이 그대로 진행한다.

**스트로크한 볼에 동반 경기자가 맞으면**
- 스트로크 플레이 : 무벌타 + 그대로 진행
- 매치 플레이 : 무벌타 + 그대로 진행

# 12 스트로크한 볼에 본인이 맞은 경우

**Question**

숲에 들어간 볼을 스윙했는데, 볼이 앞에 있는 나무에 맞은 뒤 플레이한 내 몸을 맞히고 떨어졌다. 어떻게 되는가?

**Answer**

결국 볼은 플레이어 본인이나 플레이어에게 속한 것에 맞은 것이므로 1벌타를 받고, 볼은 있는 그대로의 상태에서 플레이를 계속한다.

스트로크를 한 볼이 본인의 캐디에게 맞은 경우에도 플레이어는 1벌타를 받고, 볼은 있는 그대로의 상태에서 플레이를 계속한다.

하지만 볼이 동반 경기자나 동반 경기자에게 속한 캐디 등에게 맞았다면 이들은 국외자이므로, 벌타 없이 그대로 플레이를 진행한다.

스트로크한 볼이 나무에 튕겨서 플레이어 혹은 그의 캐디를 맞히면
- 스트로크 플레이 : 1벌타 + 그대로 진행
- 매치 플레이 : 1벌타 + 그대로 진행

# 13 페어웨이에 떨어진 볼을 개가 물어간 경우

**Question**

두 번째 친 볼이 페어웨이에 떨어졌는데, 그만 개(또는 까마귀)가 물어 갔다. 어떻게 해야 할까?

**Answer**

까마귀나 개는 국외자이다. 따라서 까마귀나 개가 볼을 물어 간 자리에 새로운 볼을 드롭한 다음에 플레이를 계속한다.

스트로크한 볼이 작업 중인 차에 떨어진 채 그대로 실려가도 마찬가지이다. 이때의 작업 차 역시 국외자이므로 볼이 작업 차에 떨어졌던 그 자리에서 새로운 볼을 드롭한 후에 플레이를 계속하면 된다.

**페어웨이에 떨어진 볼을 개가 물어 갔다면**
- 스트로크 플레이 : 무벌타 + 드롭
- 매치 플레이 : 무벌타 + 드롭

Part
03

# 라이 · 나무 · 오구

# 볼 뒤의 긴 풀을 밟아서 누른 경우

## Question

볼 뒤에 있는 긴 풀을 밟아서 눌러 주었는데, 벌타는 없는가?

## Answer

골프 규칙상 볼은 있는 상태 그대로 플레이해야 한다.

볼 뒤의 긴 풀을 밟아서 눌렀다면, 있는 상태 그대로 플레이한다는 대원칙을 위반한 것이므로, 2벌타를 받고 플레이를 계속한다. 특히, 금지 행위인 '모래, 흩어진 흙, 제자리에 갖다 놓은 디보트 또는 제자리를 메운 잔디 조각을 제거하거나 누르는 행위'를 하면, 볼의 위치 또는 라이를 개선한 것이 되어 2벌타를 받는다.

**볼 뒤의 긴 풀을 밟아 누르면**
- 스트로크 플레이 : 2벌타
- 매치 플레이 : 그 홀에서의 패배

드롭할 장소를 평탄하게 밟아서 눌러도 역시 2벌타를 받는다. 특히 '볼을 드롭하거나 플레이스할 지역'은 개선 금지(볼의 라이, 의도하는 스탠스나 스윙 구역 또는 플레이 선의 개선 금지) 장소인데, 이것을 개선하여 드롭했다면 2벌타를 받고, 드롭한 볼로 플레이를 계속해야 한다.

# 백 스윙 중에 클럽이 나뭇가지를 꺾은 경우

**Question**

백 스윙을 하는 중에 클럽이 나뭇가지에 맞아 나뭇가지를 꺾었으나 완벽한 스트로크가 이루어졌다. 이럴 땐 어떻게 되는가?

**Answer**

스트로크를 할 때 또는 스트로크를 하기 위해 클럽을 후방으로 움직일 경우, 완벽한 스윙이 이루어진다면 백 스윙으로 쌓아 놓은 흙이나 모래, 나뭇가지 등에 클럽이 닿아도 위반이 아니다. 따라서 나뭇가지가 꺾였어도 완전한 스트로크가 이루어졌다면 벌타는 없다.

그러나 나뭇가지를 부러뜨린 채 스윙이 중단되면, 곧 스윙 구역을 개선한 결과가 되므로 2벌타를 받고 플레이를 계속해야 하며, 매치 플레이라면 그 홀에서의 패배가 된다.

스윙 중 나뭇가지가 꺾였으나 스윙이 완전하게 이루어졌다면
- 스트로크 플레이 : 무벌타 + 그대로 진행
- 매치 플레이 : 무벌타 + 그대로 진행

# 03 볼이 나무 위로 올라가 칠 수 없는 경우

## Question

나무 위에 있는 볼이 내 볼이라는 것은 알지만 도저히 칠 수 없는 상황이다. 어떻게 해야 하는가?

## Answer

도저히 볼을 칠 수 없을 때는 언플레이어블을 선언하여 1벌타를 받은 후, 나무를 흔들거나 클럽을 던져 볼을 떨어뜨린다. 그런 다음 아래의 한 가지 방법으로 처리한다.

첫째, 원구를 최후로 플레이한 지점과 되도록 가까운 곳에서 볼을 플레이한다.

둘째, 홀과 볼이 있던 지점을 연결한 직선상으로 그 볼이 있던 지점 후방에 볼을 드롭한다. 이 경우 거리 제한은 없다.

볼을 칠 수 없을 때는 언플레이어블을 선언한다.
- 스트로크 플레이 : 1벌타 + 세 가지 중 택일
- 매치 플레이 : 1벌타 + 세 가지 중 택일

셋째, 볼이 나무 위에 걸려 있던 곳의 수직 아래 지점에서 2클럽 길이 이내로 홀에 더 가깝지 않은 곳에 볼을 드롭한다.

# 04 나무를 흔들어서 볼을 떨어뜨린 경우

## Question

나뭇가지 위에 내 볼이 걸려 있어서 나무를 흔들어 볼을 떨어뜨렸다. 어떻게 되는가?

## Answer

플레이어가 인플레이 볼을 움직인 것에 해당하므로 1벌타를 받고, 볼은 리플레이스한다.

그러나 나무 위에 리플레이스할 수 없으므로 추가로 1벌타를 받고 언플레이어블을 선언해야 한다. 결국 플레이어는 합계 2벌타를 받고, 볼이 있던 곳의 바로 아래 지점 2클럽 이내에서 볼을 드롭한 다음 플레이를 계속해야 한다. 이처럼 나무에 볼이 있을 때는 애초에 언플레이어블을 선언해서 1벌타를 받고 드롭을 하는 것이 최선의 방법이다.

**나무를 흔들어서 볼을 떨어뜨렸다면**
- 스트로크 플레이 : 2벌타 + 드롭
- 매치 플레이 : 그 홀에서의 패배

# 05 나무 위의 볼이 내 볼인지 **확인할 수 없는** 경우

## Question

나무 위에 있는 볼이 내 볼이라는 것을 확인할 수 없다. 어떻게 해야 하는가?

## Answer

골프 규칙상 플레이어 편이나 그들의 캐디가 볼을 찾기 시작하여 5분 이내에 볼을 찾지 못하거나, 플레이어가 자신의 볼이라고 확인할 수 없을 경우 그 볼은 분실구가 된다.

볼이 분실구가 되면 '스트로크와 거리의 벌' 1벌타를 받고 원구(분실구로 처리된 볼)를 최후로 플레이했던 지점과 되도록 가까운 곳에서 볼을 플레이해야 한다.

이 경우 스루 더 그린에서는 볼을 드롭하고 플레이한다.

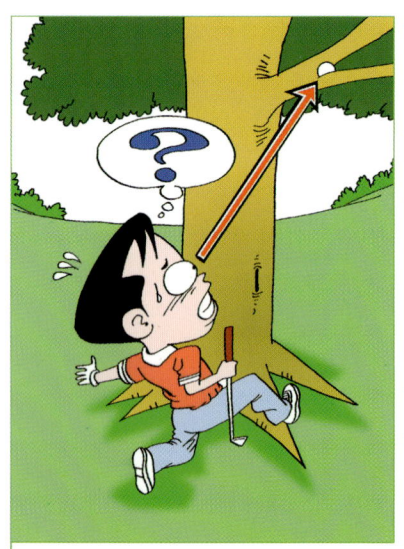

**나무 위의 볼을 확인할 수 없다면 분실구로 처리**
- 스트로크 플레이 : 1벌타 + 최후 플레이 지점 가까운 곳에서 드롭
- 매치 플레이 : 1벌타 + 최후 플레이 지점 가까운 곳에서 드롭

# 클럽 헤드가 나무뿌리에 걸리면서 튕겨진 볼을 친 경우

## Question

라이가 좋지 않은 러프에서 스윙을 했는데, 임팩트 순간 클럽 헤드가 나무뿌리에 걸리고 이미 볼은 튕겨 나갔다. 이어서 나무뿌리에서 나온 클럽 헤드에 볼이 공중에서 또 다시 맞았다. 어떻게 되는가?

## Answer

골프 규칙상 한 번의 스트로크 중에 플레이어의 클럽이 2번 이상 볼을 친 경우, 플레이어는 그 스트로크를 1타로 하고, 1벌타를 추가하여 합계 2타로 한다.

따라서 1벌타를 받고, 볼은 있는 그대로의 상태에서 플레이를 한다.

**클럽 헤드가 이미 튕겨진 볼을 다시 건드리면**
- 스트로크 플레이 : 1벌타 + 그대로 진행
- 매치 플레이 : 1벌타 + 그대로 진행

# 07 동반 경기자의 볼을 스트로크한 경우

**Question**

러프에서 볼을 쳤는데 동반 경기자의 볼이었다. 어떻게 해야 하는가?

**Answer**

인플레이 중인 남의 볼을 플레이하였으므로 오구 플레이를 한 것이다. 워터 해저드 안의 물속에서 움직이고 있는 오구를 스트로크 한 경우만 벌타가 없고, 그 외의 경우에 오구를 범하면 2벌타를 받는다. 이때 오구로 스트로크한 것이 한 번이든 열 번이든 상관없이 2벌타만 받으며, 오구가 OB가 되어도 역시 2벌타만 받는다.

오구를 쳤을 때는 반드시 다음 티잉 그라운드에서 스트로크를 하기 전에 올바른 볼을 플레이해야 한다. 만일 그 라운드의 마지막 홀이라면 퍼팅 그린을 떠나기 전에 잘못을 시정할 의사를 선언해야 한다. 그렇지 않으면 경기자는 실격이 된다. 오구가 동반 경기자의 볼이었다면, 동반 경기자는 최초로 오구 플레이가 생긴 지점에 다른 볼을 플레이스하고 플레이한다.

**동반 경기자의 볼을 스트로크했다면**
- 스트로크 플레이 : 2벌타
- 매치 플레이 : 그 홀에서의 패배

Part
04

# 드롭과 플레이스

# 01 바르게 드롭하는 것은 기본 매너

## Question

매번 드롭을 할 때마다 바르게 하고 있는지 찜찜한 기분이 든다. 올바른 드롭 방법은?

## Answer

드롭을 하기 위해서는 먼저 '홀에 접근하지 않는다'는 원칙을 기본으로, 원래 볼이 있던 지점 2클럽 길이 이내의 거리에서 드롭할 위치를 잡는다. 그런 다음 홀을 등지고 똑바로 서서 볼을 들고, 어깨 높이에서 팔을 앞으로 완전히 뻗어 드롭한다. 그래야 볼이 몸의 일부분에 닿지 않는다.

　부득이한 상황(볼이 2클럽 거리 이상 굴러가거나 OB로 들어간 경우 등)에서는 다시 드롭을 할 수 있다. 재드롭을 했는데도 떨어진 볼이 많이 굴러간 경우에는 '재드롭할 당시 볼이 코스의 일부에 처음 떨어진 지점과 되도록 가까운 곳'에 플레이스한다. 재드롭한 볼이 OB 구역에 들어가거나 연못에 떨어지거나, 페널티 구역에 들어간다 해도 문제가 되지 않는다. 세 번째에는 볼을 주워 올려서 플레이스한 다음 플레이하면 되기 때문이다.

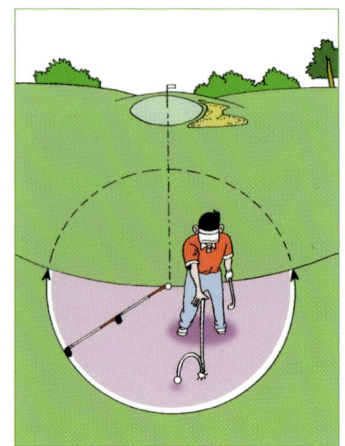

**올바른 드롭 방법**
2클럽 길이 이내에서 홀을 등지고 서서 어깨 높이에서 팔을 앞으로 뻗어 드롭한다.

## 재드롭을 하는 일곱 가지 경우

재드롭을 해야 하는 경우는 드롭한 볼이 정지하기 전에 어느 사람이나 어느 플레이어의 휴대품에 접촉했을 때, 드롭한 볼이 골프 규칙에서 규정한 일곱 가지 중 아래의 하나에 해당될 경우이다.

첫째, 해저드 안으로 굴러 들어가 정지한 경우.

둘째, 해저드 안에서 굴러 나와 해저드 밖에 정지한 경우.

셋째, 퍼팅 그린 위로 굴러 들어가 정지한 경우.

넷째, OB로 굴러 나가 정지한 경우.

다섯째, 골프 규칙에 따라 구제를 받았으나 바로 같은 상태의 방해가 되는 위치로 다시 굴러 들어가 정지한 경우. 또는 볼 자국 pitch mark 에 박힌 볼을 집어 올린 바로 그 볼 자국 안으로 굴러 들어가 정지한 경우.

여섯째, 볼이 코스의 일부에 처음 떨어진 곳에서 2클럽 길이 이상 굴러가서 정지한 경우.

일곱째, 볼이 다음 지점보다 홀에 더 가까이 굴러가서 정지한 경우.

 (a) 최초의 위치 또는 그 추정 위치

 (b) 가장 가까운 구제 지점 또는 최대한의 구제를 받을 수 있는 지점

 (c) 원구가 워터 해저드·래터럴 워터 해저드의 한계를 최후로 넘어간 지점

재드롭을 할 때 위와 같이 되었다면, 재드롭할 당시 볼이 코스의 일부에 처음 떨어진 지점과 되도록 가까운 곳에서 그 볼을 플레이스해야 한다.

# 02 드롭한 볼이 튀어서 다리에 맞은 경우

**Question**

드롭을 한 볼이 한 번 튄 후 플레이어의 다리에 맞았다. 이 경우 어떻게 해야 하는가?

**Answer**

골프 규칙상 드롭한 볼이 코스의 일부에 떨어지기 전이나 떨어진 후 정지하기 전에 어느 사람이나 휴대품에 접촉했을 경우, 이 볼은 벌타 없이 재드롭을 해야 한다.

이런 상황에서의 재드롭은 횟수에 제한이 없다. 따라서 플레이어는 그 볼을 집어 올려 재드롭하고 플레이를 계속하면 된다.

**드롭을 한 볼이 튀어서 다리에 맞으면**
- 스트로크 플레이 : 무벌타 + 재드롭
- 매치 플레이 : 무벌타 + 재드롭

# 03 재드롭한 볼이 멀리 굴러간 경우

## Question

경사진 곳에서 재드롭을 했는데, 볼이 계속해서 굴러가 2클럽 길이 이상 굴러가서 정지했다. 정지한 지점에서 스트로크를 했는데, 어떻게 되는가?

## Answer

위 경우, 멀리 굴러간 볼을 집어 올려 드롭할 당시 볼이 처음 떨어진 지점과 되도록 가까운 곳에 그 볼을 플레이스하여 플레이를 계속하면 된다.

만약 플레이스를 하지 않고 멀리 굴러간 지점의 볼을 그대로 스트로크했다면 오소(誤所)에서 플레이(Playing from Wrong Place)한 것이 되어 2벌타를 받는다. 재드롭한 볼이 코스의 일부에 처음 떨어진 곳에서 2클럽 길이 이상 굴러가서 정지한 경우, 재드롭할 당시 볼이 코스의 일부에 처음 떨어진 지점과 되도록 가까운 곳에서 그 볼을 플레이스해야 한다. 그러므로 같은 장소에서 세 번 드롭할 필요는 없다.

**2클럽 길이 이상 굴러가서 정지한 볼을 스트로크했다면**
- 스트로크 플레이 : 2벌타
- 매치 플레이 : 그 홀에서의 패배

# 04 재드롭한 볼이 워터 해저드로 들어간 경우

## Question

페어웨이에서 드롭한 볼이 워터 해저드 구역 내로 들어갔다. 어떻게 해야 하는가?

## Answer

재드롭을 해야 할 일곱 가지 경우 중 첫째인 해저드 안으로 굴러 들어가 정지한 경우이므로, 벌타 없이 재드롭한다.

만약 급경사가 져서 재드롭을 했는데도 같은 장소에 다시 굴러가 워터 해저드로 들어간다면, 재드롭할 때 볼이 코스의 일부에 처음 떨어진 지점과 되도록 가까운 곳에서 그 볼을 플레이스하고 플레이한다.

**재드롭한 볼이 워터 해저드로 들어가면**
- 스트로크 플레이 : 무벌타 + 재드롭
- 매치 플레이 : 무벌타 + 재드롭

# 05 플레이스란 무엇인가?

## Question

플레이스$^{Place}$란 무엇인가?

## Answer

'플레이스'란 볼을 일정한 장소에 놓는 것을 말한다. 골프 게임에서 플레이스를 하는 경우는 크게 네 가지로, 다음과 같다.

첫째, 티잉 그라운드에서 플레이를 시작하기 위하여 티에 볼을 올려놓는 경우.

둘째, 집어 올린 볼을 있던 곳이 아닌 다른 장소, 혹은 있던 곳과 가능한 가까운 장소에 놓는 경우.

셋째, 교체한 볼$^{Substituted\ Ball}$, 인플레이 볼·분실구·OB 볼·집어 올린 원구 대신 인플레이한 볼을 원래의 볼(원구)이 있던 자리에 놓는 경우.

넷째, 자신의 볼을 남이 플레이하였을 때, 자신의 볼이 있던 자리에 새로운 볼을 놓는 경우이다.

# 06 리플레이스란 무엇인가?

**Question**

리플레이스Replace란 무엇인가?

**Answer**

'리플레이스'란 집어 올린 볼이나 움직인 볼을 그 볼이 있던 곳에 다시 놓는 것을 말한다. 만일 리플레이스를 해야 함에도 불구하고 리플레이스를 하지 않고 스트로크하면 2벌타를 받는다. 또한 2벌타를 받은 그 볼은 인플레이 상태 그대로 플레이를 계속해야 한다. 다만, 골프 규정상 중대한 위반*인 경우에는 벌타를 받고도 플레이스 혹은 리플레이스를 해야 하며, 그 위반을 시정하지 않으면 실격된다.

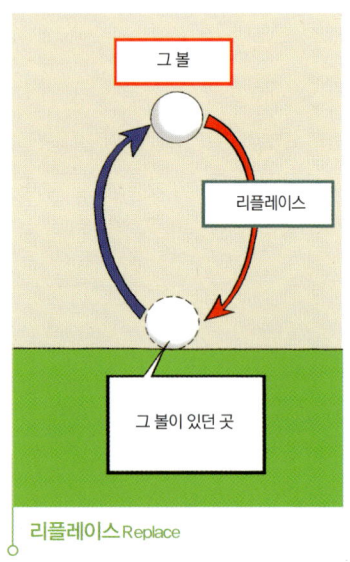

리플레이스Replace

예를 들어 플레이어 또는 그의 캐디가 실수로 볼을 움직였다면 1벌타를 받고 다시 리플레이스를 한 후에 플레이를 해야 한다.

---

* 플레이어가 2대 규칙을 따르지 않고 현저한 이익을 얻었거나, 스트로크를 하지 않고 상당한 거리를 뛰어넘는 경우를 **중대한 위반**이라고 한다.

Part
05

# 장애물·언플레이어블·수리지

# 01 나무판자 옆에 볼이 떨어진 경우

### Question

큰 나무판자 옆에 볼이 떨어졌다. 드롭을 해야 하는가, 아니면 나무판자를 밀어내야 하는가?

### Answer

나무판자는 나무를 가공한 것으로서, 어디에서나 벌타 없이 제거할 수 있는 '움직일 수 있는 장애물'이다. 움직일 수 있는 장애물이란, '무리한 노력을 들이지 않고, 부당하게 플레이를 지연시키지 않으며, (코스에) 손상을 입히지 않고 움직일 수 있는 장애물*'을 말한다. 큰 나무판자를 치우려고 볼을 집어 올릴 경우에는 마크를 한 후 집어 올려야 하며, 스윙 구역을 확보할 정도로만 옆으로 밀어내고 원위치에 볼을 리플레이스하여 플레이를 계속한다.

**나무판자 옆에 볼이 떨어진 경우**
- 스트로크 플레이 : 무벌타 + 나무판자 밀어내기
- 매치 플레이 : 무벌타 + 나무판자 밀어내기

---

\* '움직일 수 있는 장애물' 이외의 장애물은 '움직일 수 없는 장애물'이다. 장애물이란 모든 인공물(人工物, 사람이 만든 물건)을 말하며, 장애물의 종류는 '움직일 수 있는 장애물'과 '움직일 수 없는 장애물'의 두 가지이다.

# 02 버팀목 옆에 볼이 있는 경우

## Question

나무를 보호하는 버팀목 옆에 볼이 있어서 스윙이 어렵다. 이럴 경우 벌타 없이 구제를 받을 수 있는가?

## Answer

버팀목은 움직일 수 없는 장애물로, 벌타 없이 구제를 받을 수 있다. 움직일 수 없는 장애물에는 배수구·맨홀 뚜껑·보호망·버팀목·수도꼭지·포장도로·다리 등이 있다.

구제를 받기 위해서는 그 볼을 집어 올린 다음, 가장 가까운 구제 지점*으로부터 1클럽 길이 이내로 (그 가장 가까운 구제 지점보다) 홀에 가깝지 않은 곳에 드롭해야 한다. 가장 가까운 지점에 드롭한 볼은 해저드 안이나 퍼팅 그린 위가 아니어야 한다.

**버팀목 옆에 볼이 있을 때**
- 스트로크 플레이 : 무벌타 + 구제 지점에서 1클럽 이내 드롭
- 매치 플레이 : 무벌타 + 구제 지점에서 1클럽 이내 드롭

---

\* **가장 가까운 구제 지점**(Nearest Point Relief)이란, 방해로부터 벌 없이 구제를 받을 때의 기점基點을 말한다. 가장 가까운 구제 지점은 볼이 있는 곳에 가장 가까운 코스 위의 한 지점으로서 '①홀에 더 가깝지 않고, ②구제를 받고자 하는 상태가 그곳에 없었다면 플레이어가 볼이 있는 원위치에서 스트로크하는 것과 똑같이 방해를 받지 않고 스크로크할 수 있는 곳'을 말한다.

# 03 장애물로부터 구제받는 지점 찾기

## Question

버팀목처럼 움직일 수 없는 장애물 때문에 구제를 받는 경우, 가장 가까운 구제 지점은 어떻게 찾는가?

## Answer

옆의 그림처럼 나무의 버팀목(또는 배수구)이라는 장애물 가까이에 볼이 떨어져 스윙 구역을 확보할 수 없을 때가 있다. 그림의 점선은 볼이 있었던 지점과 홀 사이의 등거리를 나타내는 선이다. 구제받을 수 있는 지점은 바로 이 점선 밖에 있어야 한다.

스루 더 그린의 A·B·C의 지점 중에서 볼이 있던 자리와 가장 가까운 지점은 A이다. 따라서 A를 중심으로 반지름 1클럽 크기의 원을 그린 곳 안에서 볼을 드롭하고 플레이한다. 물론 점선 바깥쪽의 원 안이어야 한다.

**가장 가까운 구제 지점 찾기**

- 스트로크 플레이 : 무벌타 + 구제 지점에서 1클럽 이내 드롭
- 매치 플레이 : 무벌타 + 구제 지점에서 1클럽 이내 드롭

# 04 포장도로에 볼이 떨어진 경우

## Question

포장된 도로에 볼이 떨어졌는데, 어떻게 해야 하는가?

## Answer

포장된 도로는 움직일 수 없는 장애물이다. 포장된 도로에 떨어진 볼을 구제하는 방법은 움직일 수 없는 장애물의 구제 방법과 같다.

우선, 구제받을 수 있는 가장 가까운 지점(가장 가까운 구제 지점)을 찾아 그곳에서 1클럽 길이 이내에서 드롭하고, 벌타 없이 플레이를 계속하면 된다.

이때 정당한 방법으로 드롭한 볼이 페어웨이에 정지하였다면, 그대로 플레이한다. 만약 드롭한 볼이 또다시 도로 위에 정지하거나 방해를 받는다면 재드롭을 한다.

**포장도로에 떨어진 볼**
- **스트로크 플레이** : 무벌타 + 구제 지점에서 1클럽 이내 드롭
- **매치 플레이** : 무벌타 + 구제 지점에서 1클럽 이내 드롭

# 포장도로에 떨어진 볼의 구제 방법

**Question**

포장된 도로에 볼이 떨어져서 구제를 받으려고 한다. 어떻게 해야 하는가?

**Answer**

그림에서 점선은 볼이 있던 지점과 홀 사이의 등거리를 나타낸다. 구제 받을 수 있는 가장 가까운 지점은 바로 이 점선 밖에 있어야 한다.

스루 더 그린의 A·B·C 지점 중 볼이 있던 지점과 가장 가까운 지점은 A 지점이다. A 지점을 중심으로 반지름 1클럽 길이의 원을 그리고, 그 원 안에서 볼을 드롭한 다음 플레이를 계속한다.

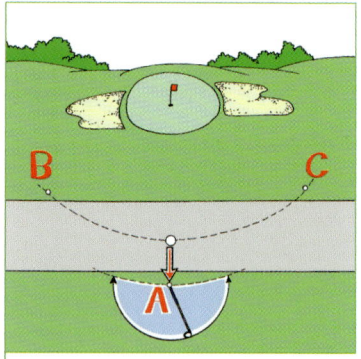

**포장도로에 떨어진 볼의 구제 방법**
- **스트로크 플레이** : 무벌타 + 구제 지점에서 1클럽 이내 드롭
- **매치 플레이** : 무벌타 + 구제 지점에서 1클럽 이내 드롭

# 06 OB 말뚝을 뽑고 치는 경우

**Question**

OB 경계선을 표시하는 백색 말뚝이 방해가 되어 말뚝을 뽑고 스윙을 했다. 어떻게 되는가?

**Answer**

결론부터 말하면, 2벌타에 해당한다. 매치 플레이에서는 무조건 그 홀에서의 패배이다. 골프 용어 '38. 장애물'의 정의를 보면, 'OB를 표시하는 벽·담·말뚝 및 울타리는 장애물이 아니다'라고 했다.

골프 규칙상 생장물<sup>生長物</sup> 또는 고정물(움직일 수 없는 장애물 및 OB의 경계를 표시하는 물건 포함)을 움직이거나, 구부리거나, 부러뜨리는 행위를 해서는 안 된다.

**OB 말뚝을 뽑고 쳤다면**
- 스트로크 플레이 : 2벌타
- 매치 플레이 : 그 홀에서의 패배

고정물인 OB 말뚝을 뽑았으므로 2벌타를 받고, 뽑힌 말뚝은 도로 원위치에 박아 놓은 다음 플레이를 계속한다.

# 나무뿌리에 볼이 끼어 플레이가 불가능한 경우

### Question

나무뿌리 사이에 볼이 끼어서 도저히 스윙이 불가능하다. 이럴 땐 어떻게 해야 하는가?

### Answer

골프 게임의 2대 규칙인 '연속적인 스트로크'와 '있는 그대로의 상태'는 반드시 지켜야 한다. 하지만 이를 도저히 실행할 수 없는 경우가 있다. 위의 경우도 그러한데, 이럴 때를 위해 플레이를 계속할 수 있게 규정한 것이 골프 규칙 제28조 언플레이어블 볼 규정이다.

도저히 플레이가 불가능하다고 판단될 때, 플레이어는 상대방이나 동반 경기자의 동의 없이 스스로 언플레이어블 볼을 선언할 수 있다. 언플레이어블 볼을 선언한 후 1벌타를 받고, 구제받으면 된다.

**나무뿌리에 볼이 끼었다면**
- **스트로크 플레이** : 언플레이어블 볼 선언 +1벌타+ 구제
- **매치 플레이** : 언플레이어블 볼 선언 + 1벌타 + 구제

# 08 언플레이어블 볼 선언 시 세 가지 구제 방법

**Question**

나무 사이에 볼이 끼어 언플레이어블 볼을 선언하고 1벌타를 받았다. 구제 방법은 어떻게 되는가?

**Answer**

언플레이어블 볼을 선언한 플레이어는 1벌타를 받은 후, 다음의 세 가지 구제 조치 중에서 하나를 선택하여 구제받을 수 있다.

언플레이어블 볼을 선언하고 구제받을 경우, 플레이어는 그 볼을 집어 올려 닦을 수 있고, 볼을 교체할 수도 있다.

첫째, 원구를 최후로 플레이한 지점과 되도록 가까운 곳에서 볼을 플레이한다. 둘째, 홀과 볼이 있던 지점을 연결한 직선상으로 그 볼이 있던 지점 후방(아무리 멀어도 거리 제한 없음)에 볼을 드롭한다. 셋째, 그 볼이 있던 지점에서 2클럽 길이 이내로 홀에 더 가깝지 않은 곳에 볼을 드롭한다.

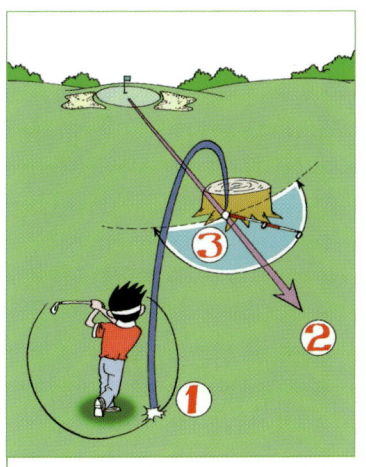

언플레이어블 선언 시 세 가지 구제 방법
- 스트로크 플레이 : 언플레이어블 볼 선언 + 1벌타 + 구제
- 매치 플레이 : 언플레이어블 볼 선언 + 1벌타 + 구제

## 언플레이어블 볼의 셋째 구제 방법

# 09 캐주얼 워터에 볼이 있는 경우

## Question

볼 앞에서 스탠스를 취했는데, 지면에서 물이 스며 나오고 있다. 구제를 받을 수 있는가?

## Answer

캐주얼 워터에 볼이 들어간 경우이다. '캐주얼 워터'란, '플레이어가 스탠스를 취하기 전 또는 후에 볼 수 있는 코스 위에 일시적으로 고인 물'을 말한다. 볼이 캐주얼 워터 안에 놓여 있거나, 볼의 일부가 캐주얼 워터에 접촉하고 있어도 캐주얼 워터 안에 볼이 있는 것이다. 플레이어는 스루 더 그린에서 비정상적인 코스 상태에 의한 방해로부터 벌타 없이 구제받을 수 있다.

**캐주얼 워터 안에 볼이 있다면**
- **스트로크 플레이** : 무벌타 + 구제 지점에서 1클럽 이내 드롭
- **매치 플레이** : 무벌타 + 구제 지점에서 1클럽 이내 드롭

플레이어는 벌타 없이 그 볼을 집어 올린 다음, 가장 가까운 구제 지점으로부터 1클럽 길이 이내로 그 구제 지점보다 홀에 더 가깝지 않은 곳에 드롭하고, 플레이를 계속할 수 있다.

# 10. 풀 더미 앞에 볼이 떨어진 경우

## Question

깎아 놓은 풀 더미 바로 앞에 볼이 멈추었다. 풀 더미 때문에 스윙에 방해를 받는데, 구제를 받을 수 있는가?

## Answer

깎아 놓은 풀을 다른 곳으로 옮기기 위해 쌓아 놓은 것이라면 수리지가 되므로, 플레이어는 구제를 받을 수 있다.

플레이어는 먼저 구제받을 수 있는 가장 가까운 지점을 결정하고, 그 지점에서 1클럽 길이 이내에 볼을 드롭한 다음 벌타 없이 플레이를 할 수 있다.

하지만 깎아 놓은 풀 더미가 다른 곳으로 옮기기 위해 놓은 것이 아니라면 그 풀 더미는 루스 임페디먼트이므로, 플레이어는 이를 제거한 후 플레이를 계속하면 된다.

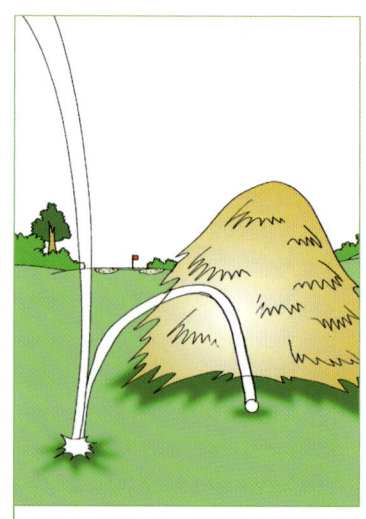

**깎아 놓은 풀 더미 앞에 볼이 떨어졌다면**
- **스트로크 플레이** : 무벌타 + 구제 지점에서 1클럽 이내 드롭
- **매치 플레이** : 무벌타 + 구제 지점에서 1클럽 이내 드롭

# 11 수리지에 있는 볼을 그대로 친 경우

## Question

수리지나 캐주얼 워터에 있는 볼을 구제받지 않고 그대로 쳤는데, 어떻게 되는가?

## Answer

골프 규칙상 스루 더 그린에서 비정상적인 코스 상태(캐주얼 워터·수리지 등)가 플레이어의 스탠스나 의도하는 스윙 구역을 방해하지 않을 경우에는 방해가 아니므로 그대로 플레이할 수 있다.

단, 로컬 룰에서 비정상적인 코스 상태가 플레이어의 스탠스를 방해해도 방해가 생긴 것으로 간주하지 않는다는 룰을 만들었다면 그 규정에 따라야 한다.

**수리지에 있는 볼을 그대로 쳤다면**
- 스트로크 플레이 : 무벌타
- 매치 플레이 : 무벌타

## 수리지에서 드롭하려고 집어 올린 볼을 다시 원위치한 경우

### Question

수리지에서 구제를 받아 볼을 집어 올린 다음 드롭할 장소를 보았더니 라이가 좋지 않았다. 볼을 다시 원위치해서 리플레이스를 했는데, 어떻게 되는가?

### Answer

수리지에서 구제를 받기 위해 볼을 집어 올린 것은 정당한 행위이므로 벌타가 없다.

그러나 드롭할 장소가 좋지 않다는 이유로 리플레이스를 하는 것은 인플레이 볼을 움직인 경우에 해당하므로 1벌타를 받는다.

위 물음의 경우 1벌타를 받고, 볼은 리플레이스한 상태에서 플레이를 계속한다.

**수리지에서 들어 올린 볼을 다시 원위치**
- 스트로크 플레이 : 1벌타 + 그대로 진행
- 매치 플레이 : 1벌타 + 그대로 진행

Part
06

# 분실구·오소

# 01 5분 지나서 찾은 볼로 플레이한 경우

**Question**

볼을 찾기 시작한 지 5분이 지나서 찾은 볼로 플레이를 했다. 어떻게 되는가?

**Answer**

인플레이 볼을 찾기 시작해 5분 이내에 찾지 못하면 분실구로 인정된다. 5분이 지난 시점에 찾은 볼은 이미 분실구가 된 상태이므로, 플레이어가 이 볼을 스트로크하면 분실구를 스트로크한 것이고, 결국 오구(誤球) 플레이를 한 것이다.

이렇게 되면 분실구로 인한 1벌타와 오구 플레이에 따른 2벌타로 합계 3벌타를 받는다.

이 경우 원구를 최후로 플레이했던 지점과 되도록 가까운 곳에서 볼을 플레이(드롭하고 스트로크)해야 하며, 이를 행하지 않으면 경기 실격이 된다.

5분이 지나서 찾은 볼로 스트로크했다면
- 스트로크 플레이 : 분실구 1벌타 + 2벌타 + 최후 플레이 지점에서 다시 플레이
- 매치 플레이 : 그 홀에서의 패배

## 02 분실구나 OB가 된 볼

### Question

볼을 찾은 지 5분이 지나서 분실구로 처리되었다. 그 다음에는 어떻게 플레이를 진행해야 하는가?

### Answer

분실구 또는 OB된 볼의 처리 방법은 1벌타 부과와 함께 원구를 최후로 플레이 했던 지점(앞서 스트로크 한 곳)과 되도록 가까운 곳에서 플레이하는 것이다.

앞서 스트로크한 곳이 티잉 그라운드인 경우, 티잉 그라운드 구역 안 어느 곳에서든 티업하고 플레이할 수 있다.

최후로 플레이한 지점이 스루 더 그린 또는 해저드 안이라면 볼을 드롭하고 플레이한다.

**분실구나 OB가 된 볼의 처리**
- 스트로크 플레이 : 1벌타 + 최후 플레이 지점에서 다시 플레이
- 매치 플레이 : 1벌타 + 최후 플레이 지점에서 다시 플레이

# 03 5분 이내에 찾은 볼로 플레이한 경우

## Question

볼을 분실한 줄 알고 원위치로 돌아가는데, 캐디가 볼을 찾았다고 한다. 시간을 보니 볼을 찾기 시작한 지 아직 5분이 지나지 않았다. 어떻게 해야 하는가?

## Answer

인플레이 볼이 분실구가 되는 경우는 여러 가지가 있으나, 찾기 시작해서 5분 이내에 찾지 못하면 역시 분실구로 인정하는 것도 그중 한 가지이다.

위 물음의 경우는 5분 이내에 찾았으므로 분실구가 아니다. 따라서 볼은 있는 상태 그대로 플레이를 계속 하면 된다.

**5분이 안 돼서 볼을 찾았다면**
- 스트로크 플레이 : 무벌타 + 그대로 진행
- 매치 플레이 : 무벌타 + 그대로 진행

# 04 분실구가 홀인이 된 경우

## Question

제3타를 온 그린을 시켰는데 찾을 수가 없어서 분실구로 처리했다. 그런 다음 원위치에서 플레이를 하여 그린에 올라와 보니 볼이 홀 속에 있었다. 어떻게 되는가?

## Answer

플레이어가 자신의 볼이 홀인이 된 것을 모르고 분실구로 처리해 새로운 볼로 플레이를 하다가 나중에 자신의 볼이 홀인이 된 것을 발견했다면, 그 홀인이 된 볼의 타수로 스코어를 계산한다.

즉, 플레이어가 알았든 몰랐든 간에 볼이 홀인이 된 시점에서 그 홀의 플레이는 끝난 것이다. 따라서 자신의 볼이 홀인이 된 것을 모르고 했던 행위들(잠정구 또는 오구)과 그에 따른 어떤 벌타도 타수에 더하지 않는다.

위 물음의 경우 제3타가 온 그린을 하고 홀인이 되었으므로, 스코어는 3타이다.

**분실구가 홀인이 되었다면**
- 스트로크 플레이 : 무벌타 + 홀인된 볼로 스코어 계산
- 매치 플레이 : 무벌타 + 홀인된 볼로 스코어 계산

# 05  볼을 찾지 못해 근처에서 드롭한 경우

**Question**

러프에 들어간 볼을 찾지 못해 근처에서 드롭하고 플레이했다. 어떻게 되는가?

**Answer**

볼을 찾기 시작해서 5분 이내에 찾지 못하면 그 볼은 분실구로 인정한다. 분실구는 1벌타를 받고 원위치로 가서 플레이해야 하는데, 위 물음의 경우 볼이 분실됐는데도 원위치를 하지 않고 그 자리에서 드롭하였으므로 오소에서 플레이한 것이다.

결국 분실구 1벌타와 오소에서의 플레이 2벌타로 합계 3벌타를 받은 후에 역시 원위치에 가서 플레이를 해야 한다. 만일 이를 이행하지 않으면 실격된다.

따라서 볼을 찾지 못하면 분실구에 대한 1벌타를 받은 후에, 반드시 원위치로 가서 플레이한다는 것을 잊지 말아야 한다.

볼을 못 찾아 근처에서 드롭하고 플레이

- **스트로크 플레이** : 분실구 1벌타 + 오소 2벌타 + 최후 플레이 지점에서 다시 플레이
- **매치 플레이** : 그 홀에서의 패배

# 오소 플레이는 골프의 2대 원칙 위반

**Question**

오소誤所 플레이의 중대한 위반*이란 무엇을 말하는가?

**Answer**

골프 규칙의 원칙은 기본적으로 두 가지이다. 첫째는 '골프 게임은 볼을 연속적인 스트로크로써 플레이해야 한다'는 것이고, 둘째는 '볼은 있는 그대로의 상태로 플레이한다'는 것이다. 모든 골프 규칙은 바로 이 2대 규칙을 지키기 위한 것이라 할 수 있다.

그런데 오소 플레이는 이 2대 규칙을 모두 위반한 것이다. 즉, 연속적인 스트로크가 이뤄지지 않았고, 있는 그대로 플레이를 하지 않은 것이다. 이것이 바로 중대한 위반이다.

---

* **중대한 위반**이란, 플레이어가 2대 규칙을 따르지 않고 현저한 이익을 얻었거나, 스트로크를 하지 않고 상당한 거리를 뛰어넘는 경우를 말한다. 오소 플레이가 대표적인 예이다.

# OB 지역에서 스탠스를 취한 경우

## Question

OB<sup>Out of Bound</sup> 지역에서 스탠스를 취하고 인 바운드<sup>In Bound</sup>, 플레이가 가능한 구역에 있는 내 볼을 쳤다. 어떻게 되는가?

## Answer

OB의 기준은 어디까지나 볼이지 플레이어의 신체가 아니므로, 플레이어는 코스 내에 있는 볼을 치기 위해 OB에 설 수 있다.

위 물음의 경우도 문제 없이 그대로 플레이를 진행할 수 있다.

코스 내에 있는 볼을 치기 위해 OB 지역에서 스탠스를 취했다면
- 스트로크 플레이 : 무벌타 + 그대로 진행
- 매치 플레이 : 무벌타 + 그대로 진행

Part
07

# 볼의 교체
# 어드바이스 등

# 볼에 큰 상처가 생겨서 바꿀 경우

**Question**

볼에 큰 상처가 생겨서 더 이상의 플레이가 어려울 것 같아 볼을 교체하고 싶다. 어떻게 해야 벌타 없이 교체가 가능한가?

**Answer**

플레이어는 플레이 중에 볼이 플레이에 적합하지 않다고 판단될 때(볼이 쪼개지거나 금이 가거나 변형된 경우 등), 볼이 플레이에 적합한지 아닌지 확인할 때 벌타 없이 자신의 볼을 집어 올릴 수 있다. 단, 볼을 집어 올리기 전에 동반 경기자에게 자신의 의사를 알리고, 볼 위치를 마크한다. 그런 다음 볼을 집어 올려 닦지 않은 상태로 검사하되 동반 경기자에게 그 볼을 보여주어야 한다. 이러한 절차를 밟지 않으면 1벌타를 받는다. 볼이 부적합하다고 확인되면, 원구가 있던 곳에 다른 볼로 플레이스한다. 그러나 사용 부적합을 인정받지 못하면 원구를 리플레이스해야 한다.

# 02 전방의 나무부터 벙커까지의 거리를 묻는 경우

## Question

거리를 알기 위해서 전방에 있는 나무로부터 벙커까지의 거리를 동반 경기자에게 물어보았다. 혹시 어드바이스를 구한 것인가?

## Answer

거리·규칙·공지 사항은 어드바이스에 해당하지 않는다. 예를 들어 해저드의 위치나 퍼팅 그린 위의 깃대 위치에 관한 정보는 어드바이스가 아니다. 그러므로 거리를 물어보거나 대답해도 벌타는 없다.

그러나 동반 경기자에게 클럽의 선택이나 스트로크 방법을 물어보는 것은 어드바이스를 구한 것이므로 2벌타를 받는다. 이때 동반 경기자가 대답하지 않으면 벌타가 없으나, 만일 대답을 한다면 역시 2벌타를 받는다.

거리·규칙·공지 사항을 물어보고 대답했다면
- 스트로크 플레이 : 무벌타
- 매치 플레이 : 무벌타

# 03 동반 경기자에게 칩 샷의 시범을 보여 주는 경우

## Question

홀 아웃을 한 동반 경기자가 어드바이스를 구하지도 않았는데, 칩 샷의 시범을 보여 주었다. 홀 아웃을 한 상태이지만 어드바이스를 한 벌타를 받는가?

## Answer

당연히 어드바이스를 했으므로 2벌타를 받는다.

비록 동반 경기자는 홀 아웃을 하였을지라도 다른 플레이어가 여전히 인플레이 중이라면, 그 홀에서의 게임은 진행 중인 것이다.

위 물음의 경우 플레이어는 어드바이스를 구하지 않았으므로 벌타가 없으나, 동반 경기자는 어드바이스를 해 준 것이므로 2벌타를 받는다.

**칩 샷의 시범을 보여 주며 어드바이스를 했다면**
- 스트로크 플레이 : 2벌타
- 매치 플레이 : 그 홀에서의 패배

# 볼이 같은 거리에 있을 때의 타순

## Question

동반 경기자의 볼과 내 볼이 홀로부터 같은 거리에 있어서 먼저 플레이를 했는데, 벌타는 없는가?

## Answer

볼이 인플레이일 때는 홀로부터 가장 먼 곳에 있는 볼을 먼저 플레이하는 것이 기본 규정이다.

그러나 2개 이상의 볼이 그 홀로부터 같은 거리에 있을 경우에는 먼저 플레이할 볼을 제비뽑기로 결정해야 한다.

단순히 경기자가 타순을 잘못 알고 플레이를 했어도 벌타는 없으며, 그 볼은 있는 그대로의 상태로 플레이한다.

**볼이 같은 거리에 있는데 먼저 스트로크**
- 스트로크 플레이 : 무벌타 + 그대로 진행
- 매치 플레이 : 무벌타 + 그대로 진행

# 05 동반 경기자의 볼이 너무 가까이 있을 때

## Question

동반 경기자의 볼이 너무 가까이 있어서 플레이에 방해가 된다. 어떻게 해야 하는가?

## Answer

동반 경기자의 볼이 플레이에 방해가 될 정도로 가까이 있다면, 동반 경기자에게 그 볼을 집어 올리게 할 수 있다. 그러나 스트로크 플레이에서는 자신의 볼을 집어 올려 달라고 요구를 받은 플레이어는 볼을 집어 올리는 것보다 오히려 먼저 플레이를 할 수 있다.

하지만 볼을 집어 올려야 할 상황이라면, 사전에 반드시 볼의 위치를 마크해 두고, 집어 올린 볼은 리플레이스해야 한다. 만일 퍼팅 그린 위에서 볼을 집어 올렸다면 볼을 닦을 수 있으나, 그 외의 장소에서는 닦을 수 없다.

동반 경기자의 볼이 너무 가까이 있다면 마크하고 집어 올리기 요구 가능

- 스트로크 플레이 : 무벌타 + 집어 올리기 전에 마크
- 매치 플레이 : 무벌타 + 집어 올리기 전에 마크

Part
03

# 워터 해저드

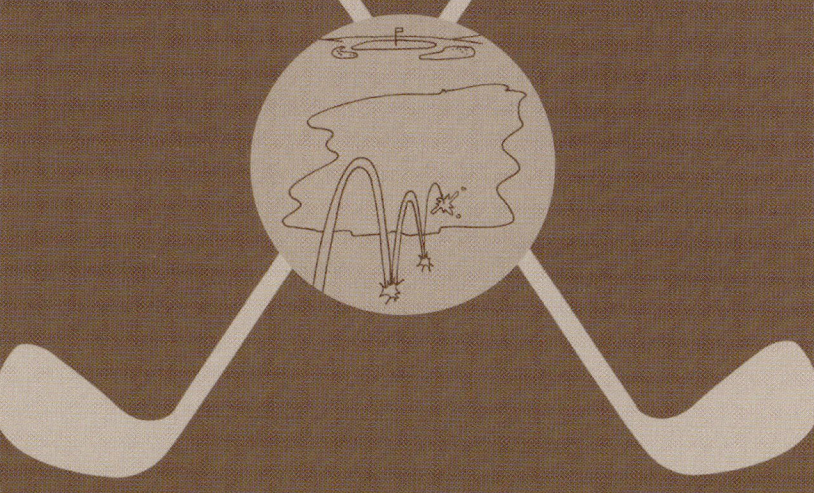

# 01 연못에 빠진 볼을 확인하려고 집어 올린 경우

## Question

물이 말라 있는 연못에 볼이 떨어져 지면에 박혔다. 내 볼인지 아닌지 알 수가 없는데 집어 올려도 되는가?

## Answer

플레이어는 정지된 볼이 자신의 볼이라고 믿을 만한 이유가 있고, 그 볼을 확인하기 위해 집어 올릴 필요가 있으면 벌타 없이 집어 올려 식별 가능하게 닦을 수 있다. 식별할 정도로 닦은 볼이 자신의 볼이면 리플레이스하고 플레이를 계속한다. 이 규정은 해저드에서도 적용된다. 이때 볼을 집어 올리기 전에 마커나 동반 경기자에게 자신의 의사를 알리고 볼의 위치를 마크해야 한다. 만일 플레이어가 사전에 알리지 않고 볼을 집어 올리거나, 볼의 위치를 마크하지 않거나, 상대방이나 마커 혹은 동반 경기자에게 볼 수 있는 기회를 주지 않거나, 식별할 수 있는 한도 이상으로 볼을 닦았다면 1벌타를 받고 볼을 리플레이스해야 한다.

**연못(워터 해저드)의 볼을 집어 올리려면**
- 스트로크 플레이 : 무벌타 + 알리고 마크 + 들어서 확인 후 리플레이스
- 매치 플레이 : 무벌타 + 알리고 마크 + 들어서 확인 후 리플레이스

## 02 워터 해저드 내의 볼을 그대로 치는 경우

### Question

볼이 연못 안으로 들어갔지만, 물이 얕아 연못에 들어가서 그대로 쳤다. 어떻게 되는가?

### Answer

연못의 물이 말라 있거나 얕을 경우 해저드 안일지라도 볼을 있는 그대로의 상태로 플레이할 수 있으면 스윙해도 무방하다. 이 경우에는 해저드 안이라 해도 벌타가 없다. 그러나 해저드 안의 볼이므로 다음의 행위는 허용되지 않는다.

첫째, 해저드(물)의 상태를 테스트해서는 안 된다.

둘째, 해저드 안의 지면이나 물에 손이나 클럽을 접촉해서는 안 된다.

셋째, 나뭇잎이나 돌 같은 루스 임페디먼트에 접촉하거나 움직여서는 안 된다. 이 세 가지 사항 중 어느 하나라도 위반하면 2벌타를 받는다. 단, 볼을 수색하거나 확인하는 것은 가능하다.

**워터 해저드 내의 볼을 그대로 쳤다면**
- 스트로크 플레이 : 무벌타
- 매치 플레이 : 무벌타

# 03 워터 해저드의 황색 말뚝을 뽑고 친 경우

**Question**

워터 해저드를 표시하는 황색 말뚝이 스윙에 방해가 되는데, 뽑고 칠 수 있는가?

**Answer**

워터 해저드 구역의 경계를 표시하는 말뚝과 선은 해저드 안이며, 그러한 말뚝은 장애물이다. 황색 말뚝은 움직일 수 있는 장애물이므로, 스윙에 방해가 된다면 뽑고 쳐도 벌타가 없다. 뽑아낸 말뚝은 원위치를 시킨 다음 플레이를 계속한다.

단, 로컬 룰로 움직일 수 없는 장애물로 선언했다면, 움직일 수 없는 장애물의 구제 방법(199쪽 '버팀목 옆에 볼이 있는 경우' 참조)을 따른다.

**황색 말뚝을 뽑고 볼을 쳤다면**
- **스트로크 플레이** : 무벌타
- **매치 플레이** : 무벌타

그러나 볼이 워터 해저드 안에 있다면 장애물에 의한 구제를 받을 수 없으므로, 볼이 있는 그대로의 상태로 플레이하거나, 워터 해저드에 들어간 볼의 구제 방법(229쪽 '볼이 워터 해저드에 들어간 경우' 참조)을 따른다.

# 04 볼이 워터 해저드에 들어간 경우

### Question

볼이 연못 한가운데 빠졌는데 언플레이어블 볼을 선언할 수 없다고 한다. 어떻게 처리해야 하는가?

### Answer

A 지점에서 플레이한 볼이 워터 해저드인 연못의 경계선인 B 지점을 거쳐서 해저드 안의 C 지점에 떨어진 경우, 플레이어는 다음의 세 가지 구제 방법 중 하나를 선택한다.

첫째, 1벌타 받고 원구를 쳤던 A 지점에 가서 드롭한다.

둘째, 1벌타 받고 볼이 워터 해저드의 경계를 넘어선 B 지점과 홀을 연결하는 직선을 그어서 홀 반대 방향인 D 지점과 B 지점을 연결하는 직선상으로 후방(거리 제한 없음)에 드롭한다.

볼이 워터 해저드(연못)에 빠졌을 때
- 스트로크 플레이 : 1벌타 구제 또는 그대로 스트로크
- 매치 플레이 : 1벌타 구제 또는 그대로 스트로크

셋째, 워터 해저드 안에 있는 C 지점의 볼을 스윙할 수 있는 경우(연못의 물이 말라 있거나, 물이 얕을 때)에는 벌타 없이 스윙한다.

# 05 볼이 래터럴 워터 해저드에 들어간 경우

## Question

볼이 래터럴 워터 해저드(개천)에 빠졌다. 어떻게 해야 하는가?

## Answer

A 지점에서 스윙한 볼이 B 지점을 거쳐 래터럴 워터 해저드 안의 C 지점에 떨어졌다. 이 경우 다음 다섯 가지 중에서 택일한다. (첫째~셋째까지는 워터 해저드의 구제 조치와 같다.)

첫째, 1벌타를 받고 A 지점으로 와서 다시 드롭한다. 둘째, 1벌타를 받고 볼이 워터 해저드 구역의 경계를 넘어선 지점 B와 홀을 직선으로 연결한 선상의 뒤쪽 D 지점에서 드롭한다. 셋째, 벌타 없이 C 지점에서 스윙한다. 넷째, 1벌타를 받고 볼이 래터럴 워터 해저드의 경계를 넘어선 B 지점에서 홀에 가깝지 않게 2클럽 길이 이내에서 래터럴 워터 해저드 밖에서 드롭한다. 다섯째, 1벌타를 받고 홀에서 같은 거리에 있는 워터 해저드 건너편 F 지점에서 홀에 가깝지 않게 2클럽 길이 이내에서 래터럴 워터 해저드 밖에서 드롭한다.

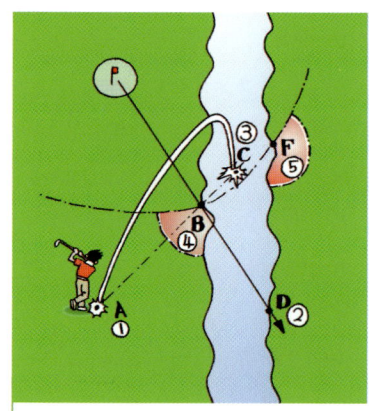

**볼이 래터럴 워터 해저드(개천)에 빠졌을 때**
- 스트로크 플레이 : 1벌타 구제 또는 그대로 스트로크
- 매치 플레이 : 1벌타 구제 또는 그대로 스트로크

# 06 워터 해저드의 황색 말뚝 경계선 밖의 물

## Question

워터 해저드의 물이 황색 말뚝의 경계선 밖에까지 넘쳤다. 넘친 물 속에 볼이 있는데, 어떻게 처리하는가?

## Answer

황색 말뚝의 밖까지 넘친 물은 캐주얼 워터이다.

캐주얼 워터 때문에 생긴 방해에서 구제받기 위해서는 가장 가까운 지점(가장 가까운 구제 지점)을 결정하고, 그곳에서 홀에 더 가깝지 않은 곳의 1클럽 길이 이내에 드롭한 뒤 벌타 없이 플레이를 할 수 있다.

**황색 말뚝 경계선 밖의 물에 볼이 있다면**
- **스트로크 플레이** : 무벌타 + 구제 지점에서 1클럽 이내 드롭
- **매치 플레이** : 무벌타 + 구제 지점에서 1클럽 이내 드롭

# 07 마른 연못의 나뭇가지를 제거한 경우

## Question

물이 말라 있는 연못에 볼이 떨어졌다. 볼 옆에 나뭇가지가 있어서 제거했는데 내 볼이 아니었다. 어떻게 되는가?

## Answer

나뭇가지는 루스 임페디먼트이다. 그러나 해저드 안에 볼이 있을 경우 플레이어는 루스 임페디먼트에 접촉해서는 안 된다. 만일 해저드 안에서 루스 임페디먼트에 접촉하면 2벌타를 받는다.

마찬가지로 물이 말라 있는 연못의 음료수 캔 옆에 볼이 떨어졌다면, 음료수 캔은 '움직일 수 있는 장애물'이므로 벌타 없이 제거할 수 있다.

**마른 연못의 나뭇가지를 제거했다면**
- 스트로크 플레이 : 2벌타
- 매치 플레이 : 그 홀에서의 패배

Part
09

# 벙커 해저드

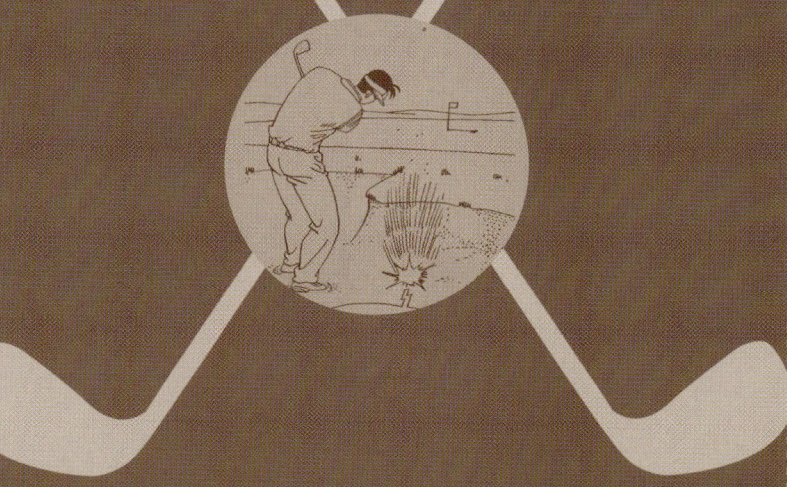

# 01 벙커 안 풀이 난 지점에 볼이 떨어진 경우

### Question

벙커 안 풀이 난 지점에 볼이 떨어졌다. 어드레스를 할 때 클럽 헤드가 풀에 닿아도 되는가?

### Answer

클럽 헤드가 풀에 닿아도 된다. 골프 규칙상 벙커의 지면 가장자리나 벙커 안에서 풀로 덮여 있는 지면은 벙커의 일부가 아니기 때문이다. 벙커의 한계는 수직 아래로 연장될 뿐 위로는 아니다. 따라서 벙커 안의 풀이 난 지점에 떨어진 볼은 벙커 안의 볼이 아니므로, 어드레스를 할 때 풀로 덮인 지면에 클럽이 닿아도 벌타가 없다.

반면에 워터 해저드의 경계선은 수직 위 아래로 연장되기 때문에 '마른 연못 안의 풀이 난 지점에 떨어진 볼은 워터 해저드 안의 볼'이므로, 어드레스할 때 풀이 난 지면에 클럽을 대면 2벌타를 받는다.

**벙커 안 풀이 난 지점에 클럽 헤드가 닿았다면**
- 스트로크 플레이 : 무벌타
- 매치 플레이 : 무벌타

## 02 벙커 안 신문지 위에 볼이 있는 경우

### Question

벙커로 날아간 볼이 신문지 위에 떨어졌다. 어떻게 해야 하는가?

### Answer

신문지는 움직일 수 있는 장애물이므로 벌타 없이 제거할 수 있다.

볼이 움직일 수 있는 장애물의 안이나 위에 있을 때에는 볼을 집어 올리고 그 장애물을 제거해야 한다.

집어 올린 볼은, 그 볼이 (장애물의 안이나 위에) 있었던 장소의 바로 아래 지점과 되도록 가깝고 홀에 더 가깝지 않은 곳에 드롭한다.

다만, 볼이 움직일 수 있는 장애물의 안이나 위에 있지만, 그 상황이 퍼팅 그린 위라면 플레이스를 해야 한다.

벙커 안 신문지 위에 볼이 떨어졌다면
- 스트로크 플레이 : 무벌타 + 신문지 제거 후 드롭
- 매치 플레이 : 무벌타 + 신문지 제거 후 드롭

# 03 볼을 찾으려고 벙커 안의 낙엽들을 치운 경우

## Question

낙엽들이 있는 벙커 안에 볼이 떨어졌다. 그런데 볼이 나뭇잎 속으로 숨었는지 보이지 않아서 클럽으로 나뭇잎을 조금 치웠더니 볼의 일부가 보였다. 루스 임페디먼트를 움직인 것인데, 어떻게 되는가?

## Answer

벙커나 워터 해저드 안에서는 루스 임페디먼트에 접촉해선 안 된다.

그러나 볼을 찾는 과정에서 볼이 해저드 내 루스 임페디먼트 또는 모래로 덮여 있다고 생각될 때, 플레이어는 볼의 일부가 보이는 한도까지 그 루스 임페디먼트나 모래를 클럽이나 다른 것으로 파헤치거나 긁는 방법으로 제거할 수 있다.

하지만 나뭇잎이나 모래를 너무 과도하게 제거했다면, 벌타는 없지만 볼의 일부만 보이도록 볼을 다시 덮어야 한다. 제거하면서 볼을 움직였다 해도 벌타를 받지 않는다.

볼을 찾으려고 벙커 안의 나뭇잎 제거
- 스트로크 플레이 : 무벌타
- 매치 플레이 : 무벌타

# 04 벙커 안의 낙엽들을 치운 경우

## Question

벙커 안의 볼 주변에 낙엽들이 있어서 낙엽들을 치우고 볼을 쳤다. 어떻게 되는가?

## Answer

벙커 안에서 볼을 찾는 것과 관련 없이 루스 임페디먼트를 제거했으므로 2벌타를 받는다.

벙커나 워터 해저드 내에서는 다음의 세 가지 경우를 주의해야 한다.

첫째, 모래의 상태 혹은 물의 상태를 테스트해서는 안 된다.

둘째, 지면이나 물에 손이나 클럽을 접촉해서는 안 된다.

셋째, 루스 임페디먼트에 접촉하거나 움직여서는 안 된다.

이를 위반하면 2벌타를 받고 플레이를 해야 한다.

볼을 찾는 것과 관련 없이 벙커 안의 낙엽들을 치웠다면
- 스트로크 플레이 : 2벌타
- 매치 플레이 : 그 홀에서의 패배

# 05 벙커 안에서 제거할 수 있는 것과 없는 것

## Question

벙커 안의 음료수 캔은 제거할 수 있다는데, 도대체 벙커 안에서 제거할 수 있는 것과 없는 것은 어떻게 구분하는가?

## Answer

벙커나 워터 해저드 안에서 제거할 수 있는 것은 '움직일 수 있는 장애물'이다. 움직일 수 있는 장애물에는 신문지·벙커 레이크·음료수 캔 등이 속한다.

움직일 수 있는 장애물의 명확한 뜻은 '인공물 중에서 무리한 노력을 들이지 않고, 플레이를 부당하게 지연시키지 않으며, 손상을 입히지 않고 옮길 수 있는 장애물'이다.

그러나 루스 임페디먼트는 스루 더 그린에서는 움직일 수 있으나, 벙커나 워터 해저드 안에서는 제거할 수 없다.

**벙커 안에서 제거할 수 있는 것**
• 움직일 수 있는 장애물

**벙커 안에서 제거할 수 없는 것**
• 루스 임페디먼트

# 06 벙커에서 볼을 확인하기 위해 집어 올린 경우

## Question

벙커 안 모래 속에 볼이 박혀 있어서 내 볼인지 아닌지 식별할 수가 없다. 집어 올려서 확인할 수 있는가?

## Answer

진흙이 완전히 볼을 덮어서 누구의 것인지 식별이 어렵다면, 벌타 없이 볼을 집어 올려 식별 가능한 정도로 닦을 수 있다. 식별할 수 있게 닦은 볼이 자신의 볼이면 리플레이스하고 플레이를 계속한다. 이 규정은 해저드에서도 적용된다. 이때 주의할 사항은 볼을 집어 올리기 전에 마커나 동반 경기자에게 자신의 의사를 알리고 그 볼의 위치를 마크하는 것이다. 만일 플레이어가 사전에 알리지 않고 볼을 집어 올리거나, 볼의 위치를 마크하지 않거나, 상대방이나 마커 혹은 동반 경기자에게 볼 수 있는 기회도 주지 않거나, 식별할 수 있는 한도 이상으로 볼을 닦으면 1벌타를 받고 볼을 원위치시켜야 한다.

벙커에서 볼을 확인하기 위해 집어 올렸다면
- 스트로크 플레이 : 무벌타 + 리플레이스
- 매치 플레이 : 무벌타 + 리플레이스

# 07 벙커에서 스탠스 중에 볼이 움직인 경우

## Question

벙커 안에서 스탠스를 취하는데 그만 클럽에 볼이 닿아 움직이고 말았다. 벌타를 받는가?

## Answer

벙커나 워터 해저드에서는 스탠스를 취한 때가 어드레스*를 한 것이다. 또한 벙커나 워터 해저드 안에서는 지면이나 수면에 클럽을 대서는 안 되며, 스탠스를 취한 후 볼이 움직이면 어드레스 후에 움직인 볼이므로 1벌타를 받는다.

위 물음의 경우 스탠스를 취하기 전일지라도 볼이 움직인 원인이 스탠스를 취하는 행동에 있었다면, 역시 1벌타를 받고 움직인 볼은 리플레이스를 한 후 플레이한다.

**벙커 안에서 스탠스 중에 볼이 움직였다면**
- 스트로크 플레이 : 1벌타
- 매치 플레이 : 1벌타

---

\* 해저드 안에서는 플레이어가 스탠스를 취했을 때 **어드레스**(Addressing the Ball)를 한 것이다. 그 외에는 플레이어가 스탠스를 취하고 클럽을 땅에 댔을 때 '볼에 어드레스' 한 것이다.

# 08 벙커에서 연습 스윙 시 클럽이 벙커 벽에 닿은 경우

## Question

벙커 안으로 떨어진 볼을 잘 치려고 연습 스윙을 하다가 클럽이 벙커 벽면에 닿고 말았다. 어떻게 되는가?

## Answer

스윙 연습은 아무 곳에서나 할 수 있지만, 벙커나 워터 해저드 안에서는 클럽이 지면이나 물에 닿지 않게 해야 한다. 벙커에서 어드레스를 하거나 연습 스윙을 할 때 클럽이 지면(모래)에 닿으면 2벌타를 받는다. 벙커 벽면 역시 지면에 속하므로 2벌타를 받는다.

벙커나 워터 해저드 안에서 다음의 세 가지 경우를 어기면 2벌타를 받는다.

첫째, 모래의 상태 혹은 물의 상태를 테스트해서는 안 된다.

둘째, 지면이나 물에 손이나 클럽을 접촉해서는 안 된다.

셋째, 루스 임페디먼트에 접촉해서는 안 된다.

벙커 안에서 스윙 연습을 하다가 클럽이 벙커 벽에 닿았다면
- 스트로크 플레이 : 2벌타
- 매치 플레이 : 그 홀에서의 패배

# 09 동반 경기자의 벙커 샷으로 내 볼이 모래에 덮인 경우

## Question

벙커 안에 동반 경기자의 볼과 내 볼이 함께 놓여 있었다. 그런데 동반 경기자가 벙커 샷을 하면서 모래를 날려 내 볼 위로 모래가 덮이고 라이도 변경되었다. 어떻게 해야 하는가?

## Answer

벙커 안에서 모래(지면)에 클럽이나 손을 접촉하면 2벌타를 받지만, 예외의 경우가 있다. 바로 위의 물음처럼 '볼의 최초의 라이'가 변경되었을 때이다.

골프 규칙상 벙커 안에 있는 볼의 라이가 변경되었다면 가능한 '최초의 라이'와 같은 상태로 다시 만들어야 하며, 그 라이에 그 볼을 플레이스해야 한다.

위의 경우는 벌타 없이 볼을 집어 올려 가능한 원래의 라이와 같은 상태로 만든 다음, 그 라이에 볼을 플레이스하면 된다.

**동반 경기자의 벙커 샷으로 내 볼이 모래에 덮였다면**
- 스트로크 플레이 : 무벌타 + 라이 복구 후 플레이스
- 매치 플레이 : 무벌타 + 라이 복구 후 플레이스

# 10 벙커 레이크를 치울 때 벙커로 떨어진 볼

## Question

벙커 옆 코스에 있는 벙커 레이크(고무래)에 볼이 걸려 있었다. 벙커 레이크는 움직일 수 있는 장애물이므로 옆으로 치우는 중에 볼이 벙커로 떨어지고 말았다. 어떻게 되는가?

## Answer

벙커의 모래를 고르는 도구인 벙커 레이크는 움직일 수 있는 장애물이므로, 플레이에 방해가 되면 제거할 수 있다.

또한 제거 과정에서 볼을 움직여도 벌타가 없으며, 움직인 볼은 리플레이스하면 된다. 위 물음의 경우 벙커에 들어간 볼을 원위치에 리플레이스한 후 플레이를 계속한다.

움직일 수 있는 장애물을 제거하기 위해 볼을 집어 올린 경우 그 볼은 닦을 수 있다.

**벙커 레이크를 치울 때 벙커로 떨어진 볼**
- 스트로크 플레이 : 무벌타 + 리플레이스
- 매치 플레이 : 무벌타 + 리플레이스

# 11 벙커 샷을 치고 바닥을 고른 후에 볼이 다시 벙커로 굴러 온 경우

**Question**

벙커 샷을 쳐서 볼이 벙커 밖의 경사면에 정지했다. 이후 벙커 레이크로 바닥을 평탄하게 고르는데, 경사면에 있던 볼이 또르르 굴러서 벙커 안으로 다시 들어왔다. 어떻게 되는가?

**Answer**

플레이어가 벙커 안에서 스트로크를 해서 볼이 해저드 밖에 있을 때는 아무 제한 없이 벙커 안의 모래나 흙을 평탄하게 고를 수 있다. 위 물음처럼 플레이어가 볼을 해저드 밖으로 쳐 낸 뒤 벙커 레이크로 모래 바닥을 고를 때, 또다시 그 자리에서 스트로크를 하리라고는 생각지 못했을 것이다. 그러므로 '볼의 라이, 의도하는 스탠스나 스윙 구역 또는 플레이 선의 개선'에 해당되지 않으며, 굴러 온 볼이 평탄하게 고른 위치에

벙커 샷을 치고 벙커 레이크로 바닥을 고른 후에 다시 벙커로 굴러 온 볼

- 스트로크 플레이 : 무벌타 + 그대로 진행
- 매치 플레이 : 무벌타 + 그대로 진행

멈췄어도 벌타는 없다. 그러나 일단 볼이 벙커 안에 들어온 후에는 지면을 평탄하게 고를 수 없으며, 볼이 멈춘 상태에서 그대로 플레이를 해야 한다.

# 캐주얼 워터로 침수된 벙커에서의 볼 처리

**Question**

캐주얼 워터로 침수된 벙커로 볼이 들어갔는데, 어떻게 처리해야 하는가?

**Answer**

벙커 안에 볼이 있는 그대로의 상태로 플레이를 할 수 있다. 그러나 플레이가 어려운 상황이라면 다음의 세 가지 방법 중 한 가지를 선택한다.

첫째, 벌타 없이 벙커 안의 가장 가까운 구제 지점에서 1클럽 길이 이내로 구제 지점보다 홀에 더 가깝지 않은 곳에 볼을 드롭한다.

둘째, 1벌타를 받고 홀과 볼이 있던 지점을 연결하는 벙커 밖의 후방 선상(거리 제한 없음)에 볼을 드롭한다.

셋째, 그 볼을 언플레이어블 볼로 선언하여 1벌타를 받고, 언플레이어블 볼의 처리 방법에 따른다.

**캐주얼 워터로 침수된 벙커**
- **스트로크 플레이** : 플레이어의 선택
- **매치 플레이** : 플레이어의 선택

# 5 그린에서의 플레이와 마무리

Part
01

# 그린에서의 에티켓과 퍼팅

# 그린에서의 에티켓

### 그린 위의 볼

그린퍼팅 그린* 위의 볼과 스루 더 그린 위의 볼은 차이가 크다. 대표적인 것이 그린 위의 볼은 마크하고 집어 올려서 닦을 수 있으나, 스루 더 그린의 볼은 특별한 경우를 제외하고는 집어 올릴 수 없다.

**❙ 퍼팅 그린 위의 볼**

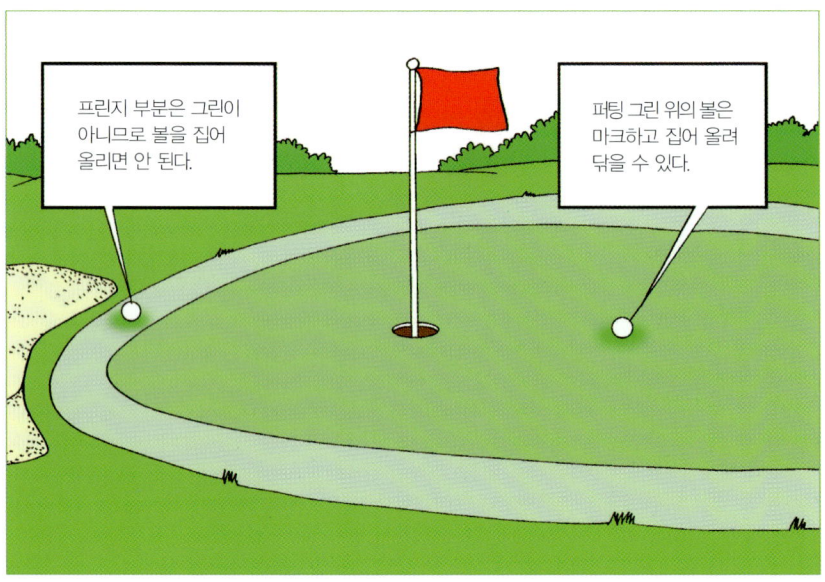

* **퍼팅 그린(Putting Green)**이란, 현재 플레이하고 있는 홀에서 퍼팅을 위하여 특별히 마련된 모든 장소 또는 위원회가 퍼팅 그린이라고 정한 모든 장소를 말한다. 일반적으로 그린이라고 하면 퍼팅 그린을 말한다. 볼의 어느 일부가 퍼팅 그린에 접촉하고 있는 경우 그 볼은 퍼팅 그린에 있는 볼이다.

그린과 페어웨이의 경계 구역인 '프린지Fringe, 그린에 인접한 외곽 지역의 짧은 잔디' 부분은 그린이 아니다. 다만 프린지와 그린의 경계선에 볼이 있고, 볼이 조금이라도 그린에 닿아 있으면 그린 위의 볼이다.

### 볼을 마크하고 집어 올려 닦는다

플레이어는 퍼팅 그린에 있는 볼을 집어 올릴 수 있으며, 원하면 닦을 수 있다. 볼을 집어 올리기 전에는 반드시 마크를 해야 한다. 마크는 홀을 향해 볼 바로 뒤쪽에 볼 마커나 동전 등을 놓아 볼이 있던 자리를 표시한다. 마크한 볼은 집어 올릴 수 있으며, 그 볼은 리플레이스해야 한다. 만일 마크를 하지 않고 볼을 집어 올리면 1벌타를 받는다. 집어 올린 볼은 타월 등으로 여러 번 닦아도 상관없다.

볼을 집어 올리기 전에 반드시 마크를 한다.

### 볼을 리플레이스하는 방법

퍼팅할 차례가 되면 볼을 리플레이스해야 한다. 볼을 리플레이스할 때는 볼에 인쇄된 상표나 숫자 등이 핀 쪽을 향하게 한다. 리플레이스한 후에 볼의 뒤쪽에서 내려다보아 마크가 홀 쪽을 향하고 있는지 확인하고, 틀림없다는 확신이 생기면 마커를 주워 올린다.

## 볼 마크를 그린 포크로 복구시킨다

강한 샷으로 볼이 그린에 올라가는 경우, 맨 처음 공이 튄 지점은 많은 손상을 입는다. 이렇듯 볼이 세게 떨어져 생긴 흔적을 '볼 마크Ball Mark'라고 하는데, 자신이 만든 볼 마크는 그린 포크를 사용해 원상태로 복구시키는 것이 예의이다. 이는 잔디를 보호하고 다른 사람의 플레이에 피해를 주지 않기 위해서이다. 특히 비가 오는 날에는 그린이 물러지므로 신경 써서 복구한다.

볼 마크를 복구할 때는 볼 마크 주위에 그린 포크를 꽂아서, 볼 마크 중앙으로 가볍게 잔디가 쏠리도록 한다. 그 후에 퍼터로 위에서 가볍게 두드려 원래대로 평평하게 만든다.

볼 마크를 잘 고치지 않으면 잔디의 뿌리를 상하게 해서 잔디를 더욱 망가뜨릴 수 있다. 볼 마크 복구가 익숙하지 않은 초보 골퍼는 캐디에게 고쳐 달라고 부탁하다. 그런 다음 캐디나 다른 골퍼들이 어떻게 볼 마크를 고치는지 주의 깊게 보아서 방법을 익힌다.

## 그린에서 뛰거나 골프화를 끌지 않는다

잔디를 보호하기 위해서 그린 위에서는 함부로 뛰어다니지 않는다. 골프화를 끌면서 걸으면 스파이크로 잔디를 긁어 잔디가 훼손되므로 주의한다. 또한 롱 퍼팅이 성공하더라도 그린 위에서 펄쩍펄쩍 뛰거나 발을 구르는 행동은 금물이다. 자신의 볼이 먼 곳에 있을 때에는 그린을 가로지르지 않고 바깥쪽으로 돌아서 가는 것도 잔디를 보호하는 좋은 방법이다.

### 그린에서 여성이 라인 읽을 때의 자세

여성이 그린을 살필 때는 무릎을 비스듬히 구부려 라인(Line, 홀까지 샷의 경로)을 읽는 것이 세련된 모습이다. 티업을 할 때와 마찬가지로 바닥에 쭈그리고 앉아서 용변 보는 자세로 그린을 살피는 것은 보기 좋은 모습이 아니므로 가급적 피한다.

 또, 라인을 읽을 때 너무 시간을 끌지 않도록 주의한다. 라인을 읽는 시간이 길어지면 플레이 시간도 길어져 다음 조에게 피해를 주기 때문이다.

### 홀에서 먼 순서로 친다

퍼팅 역시 두 번째 샷이나 어프로치 샷과 마찬가지로 홀에서 먼 순서부터 치는 것이 원칙이다. 그러나 퍼팅 그린의 홀의 위치가 좌우로 치우쳐 있다면, 그린의 볼이 페어웨이의 볼보다 먼 곳에 있을 수 있다. 이러한 상황에서의 원칙은, 멀리 있는 그린 위의 볼을 먼저 퍼팅한 다음 가까이 있는 페어웨이 볼을 어프로치하는 것이다.

 그러나 빠른 진행을 위해 모두가 볼을 그린 위에 올린 다음 퍼팅을 시작하는 경우도 많은데, 이 방법도 무방하다.

### 동반 경기자의 퍼트 선을 밟지 않는다

'퍼트 선Line of Putt'이란 퍼팅 그린 위에서 플레이어가 볼을 쳐서 보내고자 하는 선을 말하며, 플레이어가 의도하는 퍼트 선 양쪽의 적절한 넓이를 포함한다. 퍼트 선은 홀을 넘어 연장되지는 않지만, 볼 뒤쪽은 퍼트 선이 될 수 있다. 퍼트 선을 '퍼팅 라인'이라고도 부른다.

플레이어는 다른 플레이어의 퍼트 선을 밟아서는 안 된다. 퍼트 선을 밟아 버리면 잔디의 방향이 바뀌어 퍼팅한 볼이 엉뚱한 곳으로 갈 수 있기 때문이다. 특히, 첫 퍼팅에 실패한 후 볼을 다시 마크하러 갈 때 이것을 잊기 쉬우므로 주의한다. 부득이하게 퍼트 선을 밟았다면 미안함을 표현하는 것이 예의이다.

### 기다릴 때는 조용히, 방해되지 않게

다른 플레이어의 퍼트 선을 밟지 않도록 주의한다.

다른 플레이어가 퍼팅을 할 때는 조용히 기다려야 한다. 라운드 중 가장 신경을 집중시키는 때가 바로 퍼팅할 때이다. 그러므로 다른 플레이어가 퍼팅을 할 때는 서 있는 위치도 신경을 써야 한다.

퍼팅하는 플레이어의 퍼트 선 앞과 뒤의 연장선 위에는 서지 않도록 한다. 또한 퍼팅하는 플레이어의 정면과 뒤쪽에 서는 것도 금물이다. 이런 곳을 피해서 조용히 서 있으되, 태양의 위치에 따라서 자신의 그림자가 퍼팅을 방해하지 않도록 한다.

### 라인 위의 루스 임페디먼트는 제거 가능

플레이어는 퍼트 선에 있는 루스 임페디먼트를 제거할 수 있다. 루스 임페디먼트는 자연물로서 돌멩이·나뭇잎·나뭇가지·동물의 똥·벌레 등을 말한다. 특히 퍼팅 그린에 모래와 흩어진 흙이 있다면 루스 임페디먼트이므로 제거할 수 있다. 하지만 스루 더 그린에 있는 모래와 흩어진 흙은 루스 임페디먼트가 아니므로 제거할 수 없다.

 루스 임페디먼트를 제거할 때 플레이어는 아무것도 눌러서는 안 된다. 이를 어기고 퍼트 선을 누르면 매치 플레이에서는 그 홀의 패배이며, 스트로크 플레이에서는 2벌타를 받는다.

### 깃대에 볼을 맞히지 않는다

그린 밖에서 샷을 한 볼이 그린 위에 있는 깃대(핀)에 맞아도 벌타는 없다. 그러나 그린 위에서 퍼팅한 볼이 깃대(서 있는 깃대와 누워 있는 깃대 모두 포함)를 맞히면 2벌타를 받고, 볼이 정지한 곳에 있는 그대로의 상태로 플레이해야 한다.

 롱 퍼트를 할 때는 홀이 보이지 않으므로 깃대를 보고 쳐야 한다. 이러한 상황에서는 스트로크를 하기 전에 캐디나 동반 경기자가 깃대를 잡고 있다가 볼을 스트로크하면 즉시 뽑게 한다.

 뽑은 깃대는 방해가 되지 않는 곳에 두는데, 치워 둔 깃대에 볼이 부딪혀도 2벌타를 받으므로 주의한다.

## 02 그린에서의 퍼팅

### 퍼팅 라인의 경사도

퍼팅Putting이란, 그린 위에 놓인 볼을 홀(또는 컵)에 넣기 위해 굴려 치는 것을 말한다. 퍼팅은 스코어와 직결되므로 매우 중요한 플레이다. 적은 타수로 홀 아웃을 하려면 퍼팅의 방향과 거리를 확실히 알아야 하며, 특히 퍼팅 라인의 경사도를 잘 보아야 한다.

퍼팅 라인은 기본적으로 오르막 라인·내리막 라인·슬라이스 라인·훅 라인의 네 가지가 있다. 오르막 라인은 컵이 볼보다 높은 곳에, 내리막 라인은 컵이 낮은 곳에 있는 경우이다. 슬라이스 라인은 퍼팅한 볼이 오른쪽으로, 훅 라인은 왼쪽으로 흐르는 경우이다.

▌퍼팅 라인의 경사도 네 가지

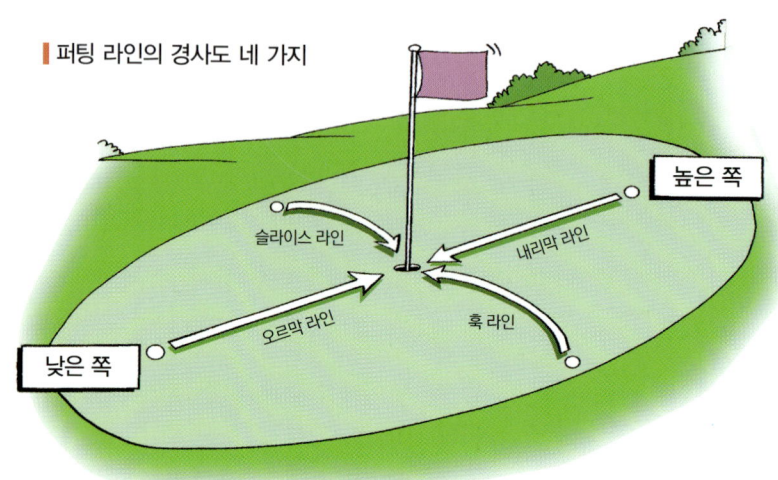

## 볼의 위치는 왼쪽 눈의 수직 아래

퍼트$^{Putt}$란, 그린 위로 올라간 볼을 컵을 향해 쳐서 굴리는 것을 말하며 퍼팅$^{Putting}$이라고도 한다. 퍼트는 크게 롱 퍼트$^{Long\ Putt}$와 숏 퍼트$^{short\ Putt}$의 두 가지로 나뉜다. 롱 퍼트는 컵까지의 거리가 10미터 이상 되는 긴 퍼팅을 말하며, 숏 퍼트는 거리가 1미터 정도 되는 짧은 퍼팅을 말한다.

롱 퍼팅과 숏 퍼팅에 있어서 제일 중요한 것은 자세이다. 스탠스에서 양 발 라인이 퍼팅 라인(타깃 라인)과 평행을 유지해야 하며, 특히 왼쪽 눈은 볼을 수직으로 내려다보아야 한다.

▌ 퍼팅의 기본 자세

왼쪽 눈 아래 수직선상에 볼이 있어야 한다.

팔꿈치부터 손과 퍼터가 일직선이 되게 한다.

양 무릎은 거의 구부리지 않는다.

### 어깨-팔-그립으로 오각형 만들기

왼쪽 눈과 볼이 일직선상에 오게 함과 동시에 양어깨와 양팔 및 그립의 모양이 오각형을 이루어야 한다. 이 오각형 각도는 퍼팅에 있어서 안정된 스트로크를 가능하게 하므로 매우 중요하다.

퍼팅 때 오각형 구도가 무너지면 볼이 컵을 향해 제대로 굴러가지 않는다. 오각형 구도를 유지하기 위해서는 시계추가 왔다 갔다 하듯이 퍼팅이 이루어져야 한다.

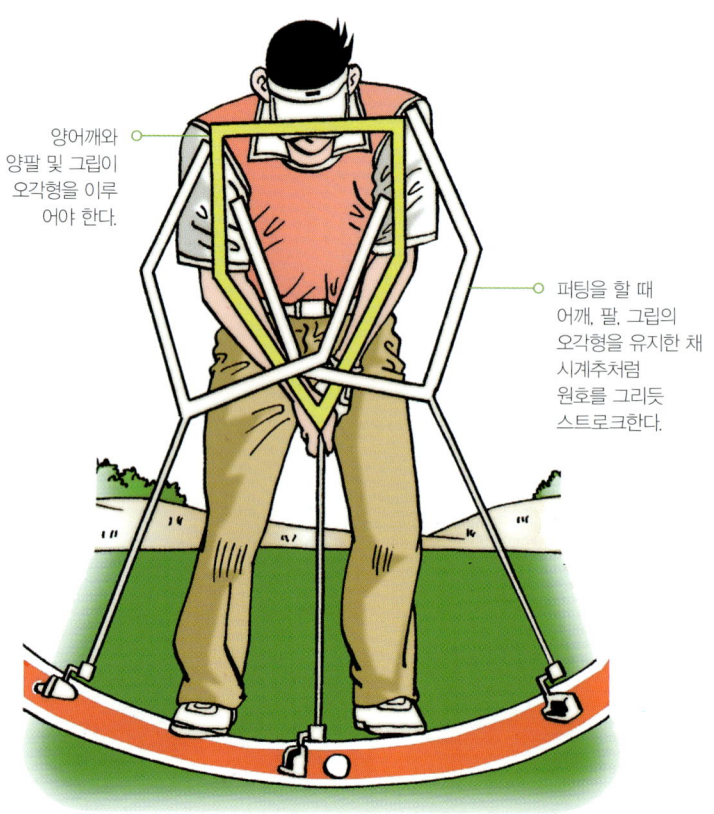

▎**퍼팅의 오각형 자세**

양어깨와 양팔 및 그립이 오각형을 이루어야 한다.

퍼팅을 할 때 어깨, 팔, 그립의 오각형을 유지한 채 시계추처럼 원호를 그리듯 스트로크한다.

## 롱 퍼트에서의 자세

숏 퍼트에서는 방향성이 중요하므로 퍼팅 시 흔들림이 없어야 한다. 따라서 몸을 다소 숙이고 숨을 죽인 채 퍼팅에 임해도 되지만, 롱 퍼트에서는 거리감이 중요하므로 가능하면 몸을 세워서 시야를 넓게 만든다.

롱 퍼트에서는 볼을 목표에 밀듯이 퍼터를 밀어내면서 폴로 스루를 크게 하면 거리를 맞출 수 있다.

### 롱 퍼트에서 몸 세우기

## 롱 퍼트에서 몸 세우기

### 숏 퍼트는 왼쪽 귀로 듣는다

숏 퍼트를 할 때 명심해야 할 말이 있다. 바로 '숏 퍼트에서는 볼이 들어가는 소리를 왼쪽 귀로 들어라'라는 말이다. 이는 숏 퍼트를 할 때 머리를 빨리 들지 말라는 뜻이다.

　주말 골퍼들이 숏 퍼트에서 실패하는 가장 큰 이유는 퍼팅 결과를 빨리 보려고 조급하게 머리를 들기 때문이다. 다시 한 번 강조하지만 숏 퍼트에서는 머리를 조급하게 들지 않는다는 것을 명심한다.

**▌숏 퍼트에서의 머리 고정**

숏 퍼트에서는 볼이 들어가는 소리를 왼쪽 귀로 듣는다.

## 숏 퍼트에서 폴로 스루는 짧게

숏 퍼트에서 폴로 스루를 크게 하면 왼쪽 팔이 떠서 클럽 페이스의 방향이 바뀌어 버린다.

　숏 퍼트에서 필요 없는 폴로 스루를 하지 않기 위해서는 왼쪽 겨드랑이를 조이고, 왼쪽 팔꿈치를 지지 축으로 고정시킨 다음 오른손으로 밀어내듯이 친다. 그러면 정확한 임팩트를 할 수 있고, 불필요한 폴로 스루도 방지해 임팩트 이후에도 클럽 페이스의 방향이 바뀌지 않는다.

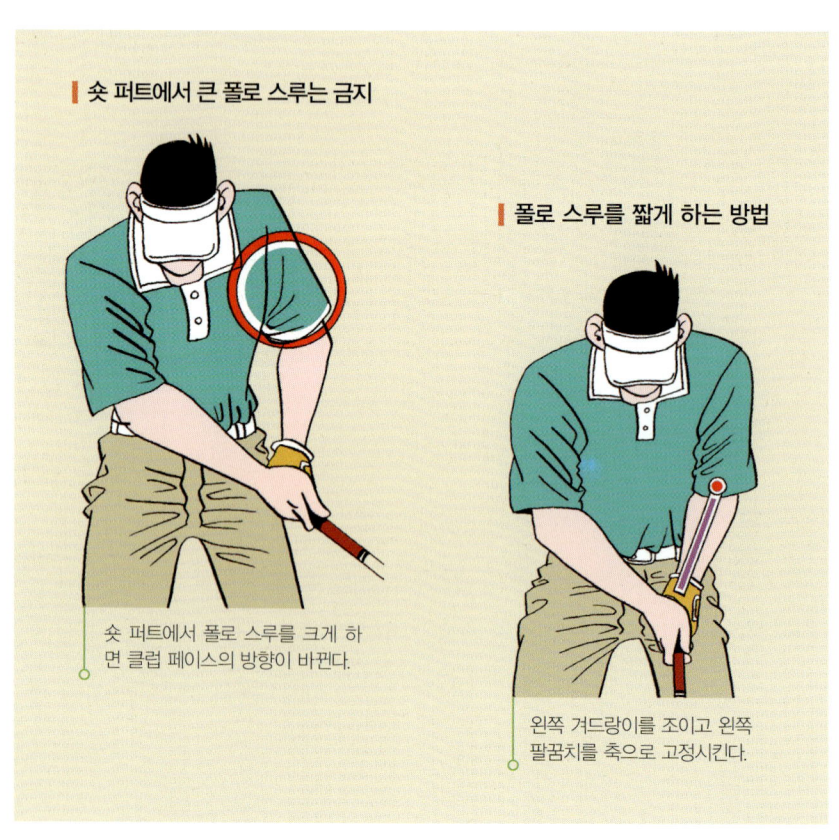

■ 숏 퍼트에서 큰 폴로 스루는 금지

숏 퍼트에서 폴로 스루를 크게 하면 클럽 페이스의 방향이 바뀐다.

■ 폴로 스루를 짧게 하는 방법

왼쪽 겨드랑이를 조이고 왼쪽 팔꿈치를 축으로 고정시킨다.

Part
02

# 그린에서의
# 골프 룰

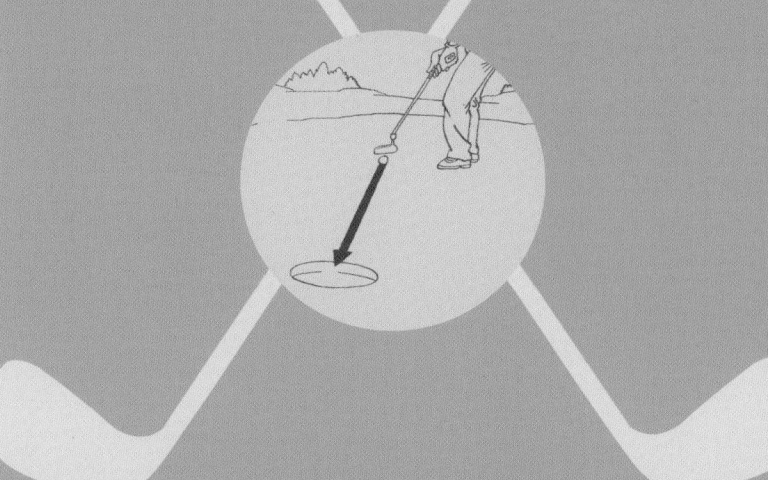

# 01 볼의 일부가 그린에 접촉한 경우

**Question**

볼이 퍼팅 그린의 경계선에 걸쳐 있는데, 볼에 진흙이 잔뜩 묻어 있어서 실제로는 볼이 그린에 접촉하고 있지 않다. 그린 위의 볼로 인정하고 집어 올려서 닦을 수 있는가?

**Answer**

볼의 일부가 퍼팅 그린에 접촉하고 있다면 퍼팅 그린 위의 볼이다.

중요한 것은, 볼에 붙은 진흙이 아니라, 볼의 일부가 그린의 경계선에 들어가거나 접촉했느냐이다. 위 물음의 경우는 그린의 경계선에 볼의 일부가 들어갔으므로, 그린 위의 볼로 인정한다.

또한 그린 위의 볼은 언제든지 마크한 후 집어 올려서 닦을 수 있다.

볼의 일부가 그린에 접촉해 있다면 마크를 한 후 집어 올릴 수 있다.
- 스트로크 플레이 : 무벌타
- 매치 플레이 : 무벌타

# 퍼트 선의 스파이크 자국을 수리하는 경우

## Question

퍼트 선상의 볼 마크를 수리하다가 그만 스파이크 자국도 수리하였다. 어떻게 되는가?

## Answer

플레이어의 볼이 퍼팅 그린 위에 있을 때 플레이어가 벌타 없이 수리할 수 있는 것은 두 가지뿐이다. 첫째는 홀 자국(컵을 메운 자국)이고, 둘째는 볼 마크이다.

 이 두 가지 이외의 다른 손상, 즉 스파이크 자국 등은 퍼트 선상에 있어도 수리할 수 없다. 만일 스파이크 자국을 수리했거나 퍼트 선상의 잔디를 퍼터로 눌러서 고르게 했다면, 2벌타를 받는다.

**스파이크 자국을 수리했다면**
- 스트로크 플레이 : 2벌타
- 매치 플레이 : 그 홀에서의 패배

# 동반 경기자의 퍼트 선을 손상시킨 경우

## Question

동반 경기자의 퍼트 선을 피하려다 다른 동반 경기자의 퍼트 선을 밟아 그린의 잔디를 손상시켰다. 어떻게 되는가?

## Answer

고의가 아닌 부주의, 또는 다른 플레이어의 퍼트 선을 피하기 위해서 퍼트 선(또는 볼 뒤 퍼트 선의 연장선) 위나 퍼트 선에 걸쳐 서서 스탠스를 취한 경우에는 벌이 없다.

그러나 고의로 동반 경기자의 퍼트 선에 걸쳐 서거나, 한쪽 발이라도 그 선을 밟고 서는 스탠스로 스트로크를 하면 2벌타를 받는다.

위 물음은 고의성이 없으므로 벌타가 없다.

**동반 경기자의 퍼팅 선을 손상시키면**
- **스트로크 플레이** : 고의라면 2벌타, 부주의라면 무벌타
- **매치 플레이** : 고의라면 2벌타, 부주의라면 무벌타

# 04 퍼트 선의 모래

**Question**

퍼트 선상에 모래가 있어서 치우다가 볼을 움직이고 말았다. 어떻게 되는가?

**Answer**

모래나 흩어진 흙이 스루 더 그린에 있다면 루스 임페디먼트가 아니므로 제거할 수 없다.

그러나 퍼팅 그린 위에 있다면 루스 임페디먼트로 취급하므로, 퍼트 선상의 루스 임페디먼트(모래 포함)를 손이나 클럽, 수건 등으로 제거할 수 있다. 이때 실수로 볼이나 볼 마커를 움직여도 벌타는 없다. 다만, 움직여진 볼이나 볼 마커는 리플레이스해야 한다.

모래 등의 루스 임페디먼트를 제거할 때 아무 것도 누르지 않고 그린 면을 테스트할 의사가 없다면, 퍼팅 그린 면을 손바닥으로 쓸어 낼 수 있다.

퍼트 선상의 모래를 치우다 실수로 볼이나 볼 마커를 움직였다면

- 스트로크 플레이 : 무벌타 + 리플레이스
- 매치 플레이 : 무벌타 + 리플레이스

# 05 퍼트 선에 고인 물

## Question

퍼트 선에 물이 고여 있다. 물을 피하고 싶은데, 어떻게 해야 되는가?

## Answer

퍼트 선상의 물은 캐주얼 워터이다. 그러므로 벌타 없이 볼을 집어 올릴 수 있으며, 다음의 방법으로 구제받을 수 있다.

첫째, 가장 가까운 구제 지점 : 해저드가 아닌 곳의 가장 가까운 구제 지점에 플레이스한다.

둘째, 최대한의 구제를 받을 수 있는 가장 가까운 지점 : 완전한 구제가 불가능한 경우 홀에 더 가깝지 않고, 해저드 이외의 장소로 볼이 놓여 있었던 곳에 되도록 최대한의 구제를 받을 수 있는 가장 가까운 지점에 플레이스한다. 위 두 가지 방법은 구제 지점이 퍼팅 그린 밖에 있어도 된다.

**퍼트 선에 물이 고여 있다면**
- 스트로크 플레이 : 무벌타 + 구제
- 매치 플레이 : 무벌타 + 구제

# 06 퍼팅 그린의 볼을 집어 올린 후 마크한 경우

## Question

퍼팅 그린에 있는 볼을 집어 올린 후 볼이 있던 자리에 마크하였다. 어떻게 되는가?

## Answer

그린 위에서 볼을 마크하는 순서와 방법은 아래와 같다.

첫째, 볼 마커를 볼이 홀을 바라보고 있는 쪽의 반대 방향인 볼 바로 뒤에 놓는다.

둘째, 볼을 집어 올린다.

즉, 리플레이스 규칙에 의해 볼을 집어 올릴 때는 사전에 그 볼의 위치를 마크해야 하는데, 위 물음의 경우 순서를 위반했으므로 1벌타를 받고, 다음 스트로크는 정확하게 리플레이스한 후에 시작한다.

**퍼팅 그린의 볼을 집어 올려 마크했다면**
- 스트로크 플레이 : 1벌타
- 매치 플레이 : 1벌타

# 07 마크용 동전이 떨어져 볼을 움직인 경우

## Question

볼에 마크를 하려고 주머니에서 마크용 동전을 꺼내다가 그만 동전을 떨어뜨렸다. 그런데 동전이 볼에 떨어져 볼을 움직이고 말았다. 어떻게 되는가?

## Answer

플레이어 또는 그의 휴대품이 인플레이 볼을 움직이게 했다면, 그 플레이어는 1벌타를 받는다.

따라서 위의 경우도 1벌타를 받고, 움직인 볼은 원위치에 리플레이스한 다음 플레이를 계속한다. 만일 리플레이스를 하지 않는다면 2벌타를 받는다.

하지만 볼이나 볼 마커가 움직인 원인이 그 볼 위치를 마크, 즉 동전을 볼 뒤에 놓는 행위이거나 볼을 집어 올리는 구체적인 행위에 있을 경우에는 벌타가 없다.

**동전이 떨어지면서 볼을 움직였다면**
- **스트로크 플레이** : 1벌타 + 리플레이스
- **매치 플레이** : 1벌타 + 리플레이스

# 08 스트로크 플레이에서 기브를 한 경우

### Question

스트로크 플레이 중 퍼팅한 볼이 컵 20센티미터 앞에서 멈추었다. 이때 동반 경기자가 기브give를 주어서 볼을 집어 올렸다. 문제는 없는가?

### Answer

친한 친구들 사이의 친선 스트로크 플레이에서 퍼팅한 볼이 컵의 50센티미터 또는 1미터 거리 내에 멈춰 서면, 다음 스트로크를 생략해도 좋다는 뜻의 'OK' 또는 '기브'를 주어 다음 스트로크를 면제해 주는 관행이 있다.

그러나 이것은 골프 규칙상 매치 플레이에서만 가능한 것이다. 스트로크 플레이에서 기브를 받고 볼을 집어 올렸다면, 골프 규칙상 1벌타를 받고 볼을 리플레이스한 다음 플레이를 계속해야 한다. 만일 1벌타를 받고 시정하지 않은 채 홀을 떠나면 경기 실격이 된다.

**스트로크 플레이에서 기브를 했다면**
- **스트로크 플레이** : 1벌타 + 리플레이스 → 어기고 홀을 떠나면 실격패
- **매치 플레이** : 무벌타

# 09 볼 마크에서 벗어난 곳에 플레이스한 경우

## Question

볼 마크가 있던 자리에서 조금 벗어난 곳에 플레이스하고 스트로크하였다. 어떻게 되는가?

## Answer

오소에서 볼을 플레이한 것이다. 이 경우 오소에 플레이스한 시점까지는 위반이 아니므로 벌타가 없으며, 잘못을 깨닫고 볼을 집어 올려 볼 마크가 있던 자리에 정확하게 리플레이스하면 문제가 되지 않는다.

그러나 오소에 플레이스한 후에 스트로크를 하였으므로 '오소에서의 플레이'가 되어 2벌타를 받는다. 이 경우 경기자가 중대한 위반*을 하지 않았다면, 오소에서 플레이한 볼로 그 홀의 플레이를 끝마쳐야 한다.

**볼 마크에서 벗어난 곳에 플레이스하고 스트로크했다면**
- 스트로크 플레이 : 2벌타 + 그대로 진행
- 매치 플레이 : 그 홀에서의 패배

---

\* 경기자가 오소에서 플레이한 결과로 현저한 이익을 얻었다고 위원회가 판단한 경우, 그 경기자는 해당되는 규칙의 중대한 위반을 했다고 간주된다.

# 10 퍼팅한 볼이 동반 경기자의 볼을 맞힌 경우

## Question

신중하게 퍼팅을 했는데, 그린 위에 있던 동반 경기자의 볼을 맞히고 말았다. 어떻게 되는가?

## Answer

퍼팅한 볼이 그린 위의 동반 경기자의 볼(정지해 있는 다른 인플레이 볼)을 맞히면, 퍼팅한 플레이어는 2벌타를 받고, 퍼팅한 볼은 있는 그대로의 상태로 플레이해야 한다.

동반 경기자는 국외자가 와서 볼을 움직인 것이므로 벌타 없이 움직여진 볼을 원위치에 리플레이스한다.

그러나 동반 경기자의 정지한 볼이 그린 위에 있는 것이 아닐 경우에는 국외자이다. 따라서 국외자에 의해서 볼이 방향을 바꾸거나 정지했더라도 벌타 없이 볼을 있는 그대로의 상태에서 플레이한다.

**퍼팅한 볼이 그린 위의 동반 경기자의 볼을 맞혔다면**
- **스트로크 플레이** : 2벌타 + 그대로 진행
- **매치 플레이** : 그 홀에서의 패배

# 11 퍼팅한 볼이 동반 경기자의 발을 맞힌 경우

## Question

퍼팅한 볼이 그린 위에 있는 동반 경기자의 발을 맞히고 그대로 홀인이 되었다. 어떻게 처리해야 하는가?

## Answer

플레이어에게 있어서 동반 경기자는 국외자이다. 스루 더 그린에서 스트로크한 볼이 국외자를 맞혔다면 럽 오브 더 그린이므로, 누구에게도 벌이 없다. 그러나 퍼팅 그린에서 퍼팅한 볼이 국외자에 의하여 방향이 변경되거나 정지했다면 그 퍼팅 스트로크는 취소되고, 볼은 리플레이스해서 다시 스트로크한다. 따라서 위 경우처럼 동반 경기자의 발을 맞히고 홀인이 되었다면, 홀인은 취소되고 벌타 없이 원위치에 리플레이스한 후 다시 플레이한다. 단, 깃대에 붙어 시중들거나 깃대를 들어올린 사람, 또는 그 사람이 휴대한 물건을 맞히고 홀인이 되었다면 2벌타를 받고 볼은 있는 그대로의 상태로 플레이하므로 홀인이 인정된다.

퍼팅한 볼이 동반 경기자의 발을 맞히고 홀인이 되었다면
- 스트로크 플레이 : 퍼팅 취소 + 리플레이스
- 매치 플레이 : 퍼팅 취소 + 리플레이스

# 동반 경기자의 퍼터를 빌려서 퍼팅한 경우

## Question

앞 홀 그린에 퍼터를 두고 오는 바람에 동반 경기자의 퍼터를 빌려서 퍼팅을 했다. 어떻게 되는가?

## Answer

골프 규칙상 플레이어는 그 코스에서 플레이하는 다른 플레이어가 플레이를 위해 선택한 클럽을 추가하거나 빌려서는 안 된다. 이를 위반했으므로 플레이어는 2벌타를 받고, 그의 마커나 동반 경기자에게 사용하지 않겠다는 선언을 반드시 해야 하며, 그렇지 않으면 경기 실격이 된다.

플레이어는 자신의 퍼터를 찾아와 플레이를 계속해야 하며, 동반 경기자는 자신의 퍼터를 돌려받아 나머지 홀에서 그 퍼터를 사용할 수 있다.

**동반 경기자의 퍼터를 빌려서 퍼팅했다면**
- 스트로크 플레이 : 2벌타 + 불사용 선언 / 1라운드 최대 4벌타
- 매치 플레이 : 위반 시 1개 홀을 뺌 / 1라운드 최대 2개 홀까지 뺌

# 13 퍼팅 후에 캐디가 와서 깃대를 뽑은 경우

**Question**

아주 긴 퍼트여서 깃대를 세워 둔 채 퍼팅을 했다. 볼이 홀인이 될 것 같았는데, 공용의 캐디가 엉겁결에 뛰어와서 깃대를 뽑았다. 어떻게 되는가?

**Answer**

플레이어는 동반 경기자나 캐디에게 깃대에 붙어 시중들거나 들어 올리게 할 수 있는데, 이것은 어디까지나 스트로크하기 전이어야 한다. 볼이 움직이기 시작한 후에는 깃대를 제거할 수 없다.

위 물음의 경우 스트로크 이후에 깃대를 뽑았고, 깃대를 뽑은 사람이 공용의 캐디이므로, 플레이어의 책임이 되어 2벌타를 받은 다음 볼이 정지한 곳에서 플레이를 계속해야 한다. 그러나 동반 경기자가 선의로 뛰어와 깃대를 뽑았다면, 플레이어에게는 벌타가 없고 동반 경기자가 2벌타를 받는다.

**퍼팅 후 공용의 캐디가 와서 깃대를 뽑으면**
- 스트로크 플레이 : 2벌타 + 그대로 진행
- 매치 플레이 : 그 홀에서의 패배

# 14 홀 위에 걸친 볼이 바람이 불어 들어간 경우

### Question

볼의 일부가 홀의 가장자리에 걸쳐 있어서 확인하려고 홀이 있는 장소로 걸어가는데, 때마침 바람이 불어 볼이 홀 속으로 들어갔다. 어떻게 되는가?

### Answer

볼의 일부가 홀 가장자리에 걸쳐 있을 경우, 플레이어에게 부당한 지연 없이 홀까지 가는 충분한 시간과 그에 추가하여 볼이 정지해 있는지 아닌지 확인하기 위한 10초간이 허용된다. 그때까지도 볼이 홀에 들어가지 않으면 그 볼은 정지된 볼로 간주한다.

그러나 그 뒤에 볼이 홀로 들어갔다면, 플레이어가 한 최후의 스트로크로 홀 아웃한 것으로 간주하여 1벌타를 추가한다.

위의 경우처럼 홀까지 가는 도중에 바람이나 비에 의해 볼이 들어갔다면 홀인한 것으로 인정한다.

**정지한 볼이 바람에 의해 홀인되었다면**
- 스트로크 플레이 : 무벌타 + 홀인 인정
- 매치 플레이 : 무벌타 + 홀인 인정

# 15. 볼이 홀에 꽂힌 깃대에 기대어 정지한 경우

## Question

어프로치한 볼이 홀에 꽂혀 있는 깃대에 기대어 정지했다. 어떻게 해야 하는가?

## Answer

볼이 홀에 꽂힌 깃대에 기대어 정지하고 있다면, 플레이어 또는 플레이어가 승인한 다른 사람이 깃대를 움직이거나 제거할 수 있다.

이때 볼이 홀 안으로 들어갔다면, 플레이어가 한 최후의 스트로크로 홀 아웃한 것으로 간주한다.

그러나 볼은 움직였지만 홀 안으로 들어가지 않았다면, 그 볼은 벌타 없이 홀 가장자리에 플레이스한 뒤 플레이한다.

**볼이 홀에 꽂힌 깃대에 기대어 정지했다면**
- 스트로크 플레이 : 무벌타 + 깃대 제거
- 매치 플레이 : 무벌타 + 깃대 제거

Part
03

# 스코어카드의 작성과 제출

# 01 스코어카드의 정정 여부

**Question**

스코어카드는 홀이 끝나면 정정이 불가능한가?

**Answer**

스트로크 플레이의 경우 타수의 확인은 매 홀마다 한다. 라운드가 끝난 후 경기자는 각 홀에 대한 자신의 스코어를 점검하고, 의문점이 있으면 위원회에 질문해서 해결한다.

공식 경기라면, 경기자는 18홀의 플레이를 마친 후 스코어카드를 제출하기 전까지 스코어를 정정할 수 있다. 그러나 스코어카드를 위원회에 제출한 후에는 그 기재 내용을 정정할 수 없다.

스코어카드 제출 전에는 정정이 가능하다.

# 02 스코어를 틀리게 기록한 경우

### Question

스코어를 적게 기입하였다. 어떻게 되는가?

### Answer

경기자는 자신의 스코어카드에 각 홀별로 기록된 스코어의 정확성에 대하여 책임을 진다.

경기자가 한 홀의 스코어를 실제로 친 스코어보다 더 적게 기록하여 제출했다면, 그 경기자는 경기 실격이 된다.

그러나 경기자가 실제로 친 스코어보다 더 많게 기록하여 제출한 경우에는 제출된 스코어가 그대로 채택된다.

**스코어를 적게 기입했다면**
- 스트로크 플레이 : 경기 실격
- 매치 플레이 : 경기 실격

# 03 동반 경기자가 쓴 내 스코어카드의 책임

## Question

동반 경기자가 내 스코어 기록을 했는데, 그만 스코어를 틀리게 기입했다. 누가 책임져야 하는가?

## Answer

스코어를 기입하는 사람을 '마커 Marker'라고 한다. 마커가 스코어를 틀리게 기입했더라도 플레이어인 본인이 확인하지 못한 것이므로 책임은 본인이 져야 하며, 마커에게는 책임이 없다.

동반 경기자가 쓴 나의 스코어카드는 나의 책임이 된다.

# 04 스코어카드의 확인과 서명

**Question**

스트로크 플레이에서 스코어카드의 사인과 제출은 어떻게 하는가?

**Answer**

자신의 스코어는 원칙적으로 동반 경기자인 마커가 기록한다. 따라서 매 홀이 끝날 때마다 확인하는 것이 좋다.

라운드가 끝났을 때는 마커가 기록한 스코어가 틀림없는지 확인한 후 스코어카드에 본인의 사인을 해서 위원회에 제출한다.

만일 의문이 있다면 스코어카드 제출 전에 경기 위원에게 질문하여 해결하고, 마커의 서명과 본인의 서명을 확인한 다음 위원회에 제출한다. 스코어카드를 제출한 다음에는 일체의 정정이 불가능하다.

마커가 기록한 자신의 스코어카드에 사인하고 제출한다.

# 05 공식 경기에서의 스코어 합계 처리

## Question

공식 경기에서 각 홀의 스코어를 카드에 제대로 기입했으나 스코어 합계가 틀렸다. 어떻게 되는가?

## Answer

플레이어는 각 홀의 스코어에 대한 것만 책임진다.

정식 경기에서 통계 스코어나 전체 스코어 합계(그로스) 또는 핸디캡을 적용한 네트 스코어를 계산하는 것은 경기 위원회의 책임이다. 따라서 스코어판의 합계나 네트 스코어가 틀린 것과 같은 계산 착오는 경기 위원회의 책임이다.

스코어 합계와 네트 스코어 계산은 경기 위원회가 책임진다.

## 골프 용어

### A

**Ace** 에이스 | 티 박스에서 단 한 번 스윙으로 홀에 집어넣는 것. '홀인원'이라고도 알려져 있다. 만약 공이 깃대에 기대어져 있을 때는 깃대를 조심스레 움직여서 공이 구멍 안으로 들어가게 치울 수 있다.
**Address** 어드레스 | 공을 치는 자리에 서서 공을 치기에 앞서 클럽을 조정하는 것을 말한다.
**Albatross** 알바트로스 | 규정 타수보다 3타 적은 수로 홀인하는 경우.
**Apron** 에이프론 | 짧게 깎은 풀로 이루어진 그린 둘레를 말함.

### B

**Back nine** 백 나인 | 18홀 골프 코스에서 두 번째 코스를 말한다. 대부분의 골프 코스에서 첫 번째 9홀은 클럽 하우스로부터 곧바로 펼쳐져 있다. 그러고 나서 플레이어는 방향을 바꿔 다시 돌아 들어온다.
**Back spin** 백 스핀 | 볼의 역회전. 언더 스핀이라고도 한다. 로프트가 있는 클럽으로 바르게 친 볼은 백 스핀으로 나간다.
**Back swing** 백 스윙 | 샷을 위해 클럽을 뒤로 스윙하는 모션.
**Back stroke** 백 스트로크 | 샷을 위해 클럽을 뒤로 스윙하는 모션.
**Ball** 볼 | 골프 공. 미국 사이즈는 직경 1.68인치보다 작지 않고 무게는 1.62온스보다 무겁지 않은 것. 영국 사이즈는 1.62인치보다 작지 않고 무게는 1.62온스보다 무겁지 않은 것. 이 두 가지가 공식 볼로 인정되어 있다.

**Baseball Grip** 베이스 볼 그립 | 오버래핑 또는 인터로킹이 아닌 야구 배트를 쥐는 형태의 그립.
**Birdie** 버디 | 한 홀의 규정 타수보다 하나 적은 타수로 홀인하는 것.
**Bisk** 비스크 | 사전상으로는 약한 쪽에 주는 1점(1스트로크)의 핸디캡이라는 뜻으로 골프에서는 핸디캡 홀을 스스로 선택할 경우에 이것을 비스크(bisk)라고 한다.
**Blade** 블레이드 | 아이언 클럽의 칼날형으로 된 부분.
**Blade putter** 블레이드 퍼터 | 평평한 면의 금속으로 된 경타용 골프채.
**Blast** 블라스트 | 벙커에서 모래를 폭발시키듯 크게 치는 것으로, 익스플로전 샷과 같다.
**Blow** 블로 | 강타. 힘을 넣어 치는 것.
**Bogey** 보기 | 파보다 하나 더 친 타수로 홀인하는 것을 말한다.
**Bogey player** 보기 플레이어 | 1홀 평균 스코어가 보기로 오르는 골퍼를 말한다. 즉 1라운드 90 전후의 사람으로 애버리지 골퍼와 같은 뜻이다.
**British open** 브리티시 오픈 | 1860년에 개설했으며, 세계에서 가장 오래된 역사를 자랑하는 오픈 선수권.
**Bunker** 벙커 | 웅덩이를 파서, 흙 또는 모래 등을 깔아 놓은 장애물. 경우에 따라서는 잡초가 깔려 있는 웅덩이도 이 범위에 속하며, 그래스 벙커(Grass Bunker)라고 부른다.
**Bunker rake** 벙커 레이크 | 벙커를 고르게 하는 고무래.
**Bunker shot** 벙커 샷 | 벙커 안에 떨어진 공을 그린 또는 페어웨이로 쳐내는 타법으

로, 벙커에서 샷을 할 때는 클럽이 모래에 닿게(sole) 되면 벌타가 부과된다.
**Buried lie** 베리드 라이 │ 볼이 부드러운 잔디나 모래에 떨어져 거의 시야에서 사라져 버렸을 때 일어나는 불운한 상황.

# C

**Caddie** 캐디 │ 플레이의 진행을 돕는 사람. 룰상으로는 플레이어의 유일한 원조자가 되는 셈이며, 캐디의 조언을 받아도 무방하다.
**Carpet** 카펫 │ 페어웨이 또는 퍼팅 그린을 말함.
**Carry** 캐리 │ 사전상으로는 볼이 날아간 거리, 사정 거리라는 뜻으로 골프에서는 볼이 공중을 나는 거리를 말한다.
**Cart** 카트 │ 캐디 백을 실어 나르는 수레를 캐디 카트 또는 골프 카트라고 한다. 1백용, 2백용의 손으로 끌고 다니는 수레, 4백용의 전동 캐디 카트도 있고, 타고 다니는 캐디 카트도 있다.
**Casual water** 캐주얼 워터 │ 사전상의 의미는 코스의 장애로, 일부러 만든 것이 아니고 비 따위로 괸 물이라는 뜻. 골프에서는 코스 내에 우연히 생긴 일시적인 습지로 워터 해저드와는 구별된다.
**Center of gravity** 센터 오브 그래비티 │ 골프채의 헤드 무게를 배분한 중심점. 그 위치가 낮고 깊을수록 볼은 잘 떠오른다.
**Center weight** 센터 웨이트 │ 뒤쪽과 앞쪽의 중심 이론과는 전혀 반대가 되는 입장을 주장하는 골프 이론으로, 헤드의 중심을 센터에 집중시킨다. 중심으로 명중시켰다면 힘이 최대한으로 발휘되지만 명중이 안 되면 관성 모멘트가 작기 때문에 큰 미스 샷을 내게 된다.

**Centrifugal Force** 원심력, 遠心力 │ 원 또는 곡선상에서 원 또는 원호를 따라가는 것이 아니라 계속 직선 방향으로 가려는 물체의 힘으로, 커브 길을 주행하는 차가 직진하려는 관성적인 힘을 말한다. 원심력은 질량(무게)에 비례하고 속도의 제곱에 비례하며 곡률 반경에 반비례한다. 예를 들면 차가 커브 길을 돌 때 원만(곡률 반경이 大)할수록 원심력이 작고, 차속이 빨라질수록 원심력이 커지는 것을 알 수 있다.
**Champion course** 챔피언 코스 │ 공식 선수권 경기를 할 수 있는 정규 설비를 갖춘 코스로 홀 수는 18홀. 전장은 6,500야드 이상으로 규정되어 있다.
**Chip and run** 칩 앤 런 │ 4, 5번 아이언과 같은 짧은 로프트를 가진 클럽으로 치는 샷. 그린의 가장자리나 러프에서 주로 사용하며, 칩 샷으로 꺼낸 볼은 연이은 퍼팅으로 홀 컵에 집어넣는다. 대체로 그 비율은 1/3은 칩 샷에, 2/3는 퍼팅 즉, 런(run)에 할애된다.
**Chip in** 칩 인 │ 칩 샷으로 볼이 홀에 들어가는 것.
**Chip shot** 칩 샷 │ 사전상으로는 손목만 사용해 볼을 짧게 친다는 뜻. 어프로치 샷의 일종으로 단거리에서 핀을 치는 샷.
**Choke** 초크 │ 맥을 못 추다. 압박에 약하다는 뜻. 클럽을 짧게 잡는 것도 초크한다고 함.
**Closed face** 클로즈드 페이스 │ 어드레스했을 때 골프채의 타면 방향이 왼쪽일 때. 스윙 도중 톱 스윙에서 골프채의 타면이 거의 곧장 위로 향할 때. 우드 클럽으로 슬라이스를 막기 위해 헤드를 직각보다 왼쪽으로 향하게 할 때.

**Closed stance** 클로즈드 스탠스 | 기본이 되는 스탠스의 일종으로 볼의 비행선과 평행한 가정선에서 오른발을 약간 뒤쪽으로 끌어 딛고 서는 스탠스.

**Club** 클럽 | 골퍼가 볼을 치기 위해 사용하는 골프채의 머리 부분. 골프 용구일 경우 14개 이상의 클럽을 가지고 라운드하는 것은 허용되지 않는다.

**Club face** 클럽 페이스 | 클럽 헤드의 볼을 치는 면. 타구면.

**Club head** 클럽 헤드 | 클럽의 선단을 말함. 클럽 헤드의 볼을 치는 면. 타구면.

**Cocking** 코킹 | 손목의 꺾임.

**Coil** 코일 | 백 스윙 시 상체를 코일처럼 돌려 트는 것. 다운 스윙은 돌려 튼 코일을 단숨에 되푸는 것. 그 축적된 힘으로 볼을 친다.

**Concede** 컨시드 | 매치 플레이 시 상대방 볼이 원 퍼트로 넣을 수 있다고 생각되는 경우에 홀을 주는 것.

**County club** 컨트리클럽 | 원래는 전원 클럽이란 뜻이지만 지금은 대부분의 멤버제 골프 클럽에 이 명칭이 붙어 있다.

**Course** 코스 | 골프 코스의 생략. 골프 플레이를 위해 만든 지역 전체를 말한다. 코스에는 퍼블릭 코스(Public course), 컨트리클럽 멤버십 코스(Country membership course), 리조트 코스(Resort course), 세미 퍼블릭 코스(Semi-public course) 등이 있다.

**Course rate** 코스 레이트 | 기준이 되는 플레이어의 플레이를 기준으로 해서 그 코스의 여러 가지 조건을 고려해서 정한 코스의 난이도.

**Course record** 코스 레코드 | 각 코스에서 공식으로 인정한 최저 스코어의 기록.

**Cross bunker** 크로스 벙커 | 페어웨이 옆으로 비스듬하게 끊어 만든 벙커.

**Cross hand grip** 크로스 핸드 그립 | 퍼팅의 그립 시 오른손을 위로, 왼손을 아래로 하고 클럽을 잡는 것.

**Cut shot** 커트 샷 | 4번부터 웨지(wedge)에 이르는 모든 아이언 클럽을 사용해 치는 샷.

## D

**Decending blow** 디센딩 블로 | 클럽을 스윙해서 내리는 것. 다운 블로와 같다.

**Die** 다이 | 퍼팅한 볼이 구르지 않고 멈추는 것.

**Dimple** 딤플 | 볼 표면에 꾸민 움푹한 모양. 볼을 떠올리는 힘이나 방향을 잡아 날아가는 데 크게 작용한다. 딤플이 없으면 볼 뒤에서 공기의 소용돌이가 생겨 속도가 줄게 된다.

**Divot** 디보트 | 볼을 쳤을 때 잔디나 흙이 클럽 헤드에 닿아 패인 곳.

**Dogleg** 도그 렉 | 꺾인 페어웨이.

**Double bogey** 더블 보기 | 어떤 홀에서 파보다 2타 많은 타수.

**Double eagle** 더블 이글 | 파5홀을 2타로 넣을 때를 말하며, 알바트로스와 같다.

**Down blow** 다운 블로 | 톱 오브 스윙에서 내려친 클럽 헤드의 중심이 최저점에 이르기 전에 볼을 치는 것.

**Down hill lie** 다운 힐 라이 | 내려가는 사면

에 볼이 정지해 있는 상태.
**Down swing** 다운 스윙 | 톱 스윙에서 임팩트까지 쳐 내리는 스윙.
**Draw** 드로 | 조를 짜다. 무승부가 되다. 샷이 떨어지는 순간에 왼쪽으로 볼이 흐르는 것.
**Dribble putt** 드리블 퍼트 | 퍼팅 때 숏 퍼트를 계속하는 것.
**Driver** 드라이버 | 최장 거리를 치기 위해 클럽에서 가장 길고 수직에 가까운 로프트의 페이스를 갖고 있는 우드 1번 클럽.
**Driving range** 드라이빙 레인지 | 드라이버에 의한 타구 범위. 또는 200야드 이상이 넘는 연습장.
**Drop** 드롭 | 경기 중 볼을 잃어버렸거나 장애 지역 또는 도저히 경기가 불가능한 위치에 볼이 놓여 있을 때, 경기가 가능한 위치에 볼을 옮겨 놓거나 새로운 볼을 다시 놓는 것.
**Duff** 더프 | 실패한 타격. 타구 시 볼 뒤의 지면을 때리는 것.

**E**

**Eagle** 이글 | 파(기준 타수)보다 2개 적은 타수로 홀인하는 것.
**Edge** 에지 | 홀, 그린, 벙커 등의 가장자리 또는 끝. 아이언의 가장자리.
**Even** 이븐 | 스트로크 수가 같을 때, 또는 승패가 서로 우열을 가리기 어려울 때를 말한다. 이븐 파라고 하면 파와 동수인 것이다.
**Explosion shot** 익스플로전 샷 | 볼이 벙커에 떨어졌을 때 모래와 함께 강타해서 그 압력으로 볼을 모래와 함께 벙커에서 탈출시키는 샷.
**Eye off** 아이 오프 | 볼을 맞힐 때 눈이 볼에서 떨어지는 것. 머리를 들게 되면 눈이 볼에 멀어지기 때문에 옳지 못한 샷의 원인이 된다. 시선을 든다는 룩 업(look up)도 같은 의미다.

**F**

**Face** 페이스 | 골프채의 타면.
**Fade** 페이드 | 볼이 떨어지기 직전에 속도가 둔해지면서 오른쪽으로 도는 것.
**Fairway** 페어웨이 | 티잉 그라운드와 그린까지의 잘 손질된 잔디 지대.
**Fat** 펫 | 볼 대신 볼 앞의 그라운드를 치는 것.
**Finish** 피니시 | 타구 완료의 자세 또는 경기 최후의 홀을 끝내는 것.
**Flag** 플래그 | 깃대 상단에 붙어 있는 깃발 또는 홀에 꽂혀 있는 핀.
**Flip shot** 플립 샷 | 로프트가 큰 클럽으로 높게 올려 쳐 그린에 부드럽게 떨어지는 샷.
**Follow through** 폴로 스루 | 타구 때 클럽 헤드의 움직임이 정지되지 않고 비구선을 따라서 스윙되는 것.
**Fore** 포어 | 앞쪽의 플레이어나 코스의 인부 등에게 지금부터 볼을 친다는 것을 알리기 위해 지르는 구호.
**Foreteen club rule** 포틴 클럽 룰 | 골프 경기에서 14개 이내의 클럽만을 쓸 수 있게 된 현행의 규칙.
**Four somes** 포섬 | 4명이 2명씩 조를 짜서 각 조가 1개의 볼을 교대로 쳐 나가는 게임 방식.
**Foward pressing** 포워드 프레싱 | 백 스윙을 행하기 직전에 탄력을 갖도록 하는 예비 동작.

**Fried egg 프라이드 에그** | 벙커에 빠진 볼이 모래 속으로 파고 들어서 마치 날계란을 막 깨서 후라이 팬에 올린 듯한 모습이 된 것.

**Fringe 프린지** | 그린에 인접해 있는 외곽 지역의 짧은 잔디.

**Front nine 프런트 나인** | 코스 전반의 9홀. 아웃 코스라고도 한다.

**Full set 풀 세트** | 클럽을 14개 갖추는 것. 보통 우드 4개, 아이언 9개, 퍼터 1개.

## G

**Gallery 갤러리** | 골프 시합을 관전하러 온 관중.

**Give 기브** | 쌍방의 볼이 홀 가까이 비슷한 지점에 놓여 있을 때 상대방에게 컨시드를 요구하는 것으로, 주로 숏 퍼팅에 약한 골퍼들이 자주 쓰는 말이다.

**Give me 또는 gimme 기브 미** | 퍼팅 때 OK라는 뜻. 홀컵까지 더 말할 여지없이 1퍼트로 성공시키는 거리일 때 상대가 허용하는 상황.

**Golf 골프** | 15세기 중에 스코틀랜드의 동쪽 해안가에서 하던 게임에서 유래됨. 'Guys Only, Ladies Forbidden'의 약어임.

**Golf course 골프 코스** | 골프 경기를 하기 위해 만들어진 그라운드로, 보통 20~30만 평의 넓이를 차지한다.

**Grain 그레인** | 그린 위에서 자라는 잔디의 방향 또는 잔디 결. 이것은 퍼팅에 있어서 컵에 접근시키는 데 막대한 영향을 미친다.

**Grand slam 그랜드 슬램** | 원래는 압승 또는 대승을 뜻하는 말로, 골프에서는 특별히 한 해 동안 US 오픈, 브리티시 오픈, 마스터즈, 미국 PGA 선수권 등 4개 주요 경기의 챔피언을 모두 따내는 압승을 말한다.

**Graphite fiber 그래파이트 파이버** | 카본의 샤프트가 되는 소재의 섬유.

**Grass bunker 그래스 벙커** | 벙커의 모양을 한 구덩이로, 모래는 없고 길게 자란 풀이 덮여 있다. 룰에서는 모래가 깔린 벙커가 아니기 때문에 해저드가 안 된다. 따라서 어드레스 때 클럽의 바닥을 땅이나 풀에 대도 위반이 아니다.

**Green 그린** | 보통은 퍼팅을 하는 장소. 경기 규정에서는 플레이하는 홀에서 해저드를 제외하고 20야드 이내의 퍼팅을 하기 위해 정비되어 있는 구역을 말한다.

**Green jacket 그린 재킷** | 마스터즈 우승자에게 주어지는 윗옷. 마스터즈 경기는 이색적으로 우승자에게 우승컵 대신 재킷을 수여하고 있다.

**Greenie 그리니** | 그린 위에 먼저 볼을 올려 놓은 자가 이기는 내기 경기. 기준 타수가 3인 홀에서는 티 샷을 한 이후 컵에 가장 가까이 볼을 날린 자가 이기게 된다.

**Grip 그립** | 샤프트의 윗부분으로 가죽이나 고무로 감겨 있어 양손으로 쥐게 되는 부분. 또는 샤프트를 쥐는 동작.

**Groove 그루브** | 스윙의 옳은 궤도 또는 골프채의 타면에 새겨진 홈.

## H

**Handicap 핸디캡** | 실력이 다른 두 플레이어가 동등한 조건에서 경기를 할 수 있도록 배려하는 허용 타수. 이것은 각자의 기량과 코스의 기준 타수와의 평균치로 정해

지며, 보통 1개월 사이에 있는 3~5회의 경기 성적을 핸디캡 위원에게 제출하면 위원회에서 이것을 기초로 핸디캡을 산출한다. 핸디캡에는 공인과 비공인 2가지가 있다.
**Hazard 해저드** | 벙커나 바다, 못, 내, 연못, 개울 등의 워터 해저드를 포함한 장애물. 래터럴 워터 해저드란 플레이 선에 병행해 있는 워터 해저드다. 벙커 주변, 벙커 안에 풀이 자란 곳 등은 해저드가 아니다.
**Hole 홀** | 그린에 만들어진 볼을 넣는 구멍.
**Hole in one 홀인원** | 티잉 그라운드에서 1타로 볼이 홀에 들어가는 것. 에이스라고도 한다.
**Hole out 홀 아웃** | 볼이 홀 속에 명중하고 그 홀의 경기를 끝내는 것.
**Home course 홈 코스** | 자기가 소속한 클럽의 골프 코스.
**Home hole 홈 홀** | 18번 홀을 말함. 마지막 홀이라는 뜻. 18번 홀의 그린을 홈 그린이라고도 한다.
**Honor 오너** | 티잉 그라운드에서 제일 먼저 볼을 칠 권리를 오너 또는 타격 우선권이라고 한다. 이것은 이전 홀에서 가장 좋은 점수를 기록한 자에게 주어진다.
**Hook 훅** | 시계 반대 방향으로 도는 볼의 회전으로 오른쪽에서 왼쪽으로 휘어지는 좌곡구를 말한다. 오른손잡이인 경우 타구가 볼의 비행선보다 왼쪽으로 도는 것을 말한다.
**Hook spin 훅 스핀** | 좌회전. 볼이 오른쪽에서 왼쪽으로 되는 역회전이 걸리는 것. 볼의 궤도는 왼쪽으로 꺾여 나가는 훅 볼이 된다.
**Horse shoes 호스 슈즈** | 두 플레이어가 각기 두 개의 볼을 사용해 각기 두 번의 퍼팅으로 승부를 겨루는 퍼팅 게임. 홀인원은 3점, 가장 가까이 컵에 근접한 볼에 1점씩을 각기 부과해 종합 21점을 먼저 따내는 사람이 승리하게 된다.
**Hosel 호젤** | 아이언 클럽 헤드를 샤프트에 고정할 때 가운데 공간 부분.

# I

**In bound 인 바운드** | 플레이가 가능한 구역, 즉 경기가 가능한 지역을 IB라 한다. 반면 그라운드에 표시는 백색 표식을 경계로 외곽을 플레이 금지 구역, 즉 'OB'라고 한다.
**In course 인 코스** | 18홀 중 후반의 9홀을 가리키는 말. 'In'이라고도 함.
**Inside out 인사이드 아웃** | 볼과 목표 지점을 연결하는 볼의 비행선 안쪽(즉, 목표를 바라보았을 때 비행선 왼쪽)으로부터 볼에 닿도록 바깥쪽(비행선 오른쪽)으로 스윙하는 스윙 경로를 말한다.
**Insurance for hole 인슈어런스 포 홀** | 골프 보험의 일종. 가입자가 홀인원을 하면 계약금 내에서 축하 비용을 준비해 주는 보험.
**Interlocking grip 인터로킹 그립** | 그립을 잡는 한 방법으로, 손이 적은 사람이나 비교적 힘이 약한 사람이 사용한다.
**Iron club 아이언 클럽** | 헤드의 부분이 금속으로 되어 있는 클럽.

# L

**Ladies tee 레이디스 티** | 여성 전용 티잉 그라운드. 일반적으로 티 마크로 표시한다.
**Late hit 레이트 히트** | 다운 스윙 때 클럽 헤드의 되돌아오는 동작을 늦춰서 순발력을

폭발시키는 타법.

**Lateral water hazard** 래터럴 워터 해저드 │ 홀이 병행해 있는 물웅덩이 등의 장애 지역.

**Launch angle** 런치 앵글 │ 볼이 클럽 헤드에 접촉한 뒤 클럽 헤드를 떠날 때의 각도.

**Lay off** 레이 오프 │ 플레이어가 백 스윙의 톱 동작에서 실수로 손목 관절을 다쳤을 때 손목이 나을 때까지 '출입하는 골프장에서 일시 해고당했다'라고 표현한다.

**Lay out** 레이 아웃 │ 코스의 설계.

**Lay up** 레이 업 │ 라이가 좋지 않거나 해저드에 있을 때 거리를 짧게 쳐서 빠져나오는 것.

**Leader board** 리더 보드 │ 스코어 보드와는 별도로 파를 기준으로 각 경기 선수 그룹 선수들의 성적을 표시하는 게시판.

**Leading edge** 리딩 에지 │ 골프채 헤드의 타면과 밑바닥의 경계선, 즉 날. 골프채 타면의 맨 끝 가장자리.

**Lie** 라이 │ 낙하된 볼의 상태나 위치.

**Lie angle** 라이 앵글 │ 골프채를 땅에 어드레스했을 때, 샤프트와 선과 지면과의 사이에서 생기는 뒤쪽의 각도.

**Links** 링크스 │ 골프 링크스의 생략으로 보통은 골프 코스를 의미한다.

**Local rule** 로컬 룰 │ 각 코스의 특수 조건에 맞게 코스별로 설정하는 특수 규칙.

**Loft** 로프트 │ 클럽 페이스의 각도 또는 경사.

**Lonesome** 론섬 │ 혼자서 코스를 플레이하는 골퍼.

**Long iron** 롱 아이언 │ 보통 1·2·3번 아이언.

**Loose impediment** 루스 임페디먼트 │ 코스 내에 있는 자연적인 장애물, 홀에 부착해 있지 않은 것으로 땅속에 박혀 있지 않은 돌, 나뭇잎, 나뭇가지를 말한다. 이것은 플레

이할 때 제거할 수 있는 것으로 되어 있다.

**Lost ball** 로스트 볼 │ 분실구. 경기 중 잃어버린 볼.

**Low handicap** 로우 핸디캡 │ 핸디캡이 적은 상급 플레이어.

**line** 라인 또는 선 │ 방향을 정하기 위해 볼과 목표물을 연결하는 가상 선을 말한다. 예) 퍼팅 라인, 슬라이스 라인, 훅 라인 등.

**Marker** 마커 │ 스트로크 플레이에서 플레이어의 스코어를 기록하기 위해 위원으로 선임된 자. 마커는 심판이 아니다. 흔히 캐디나 동반 플레이어가 채점자가 되는 경우가 많다. 볼을 집어 들 때 볼의 위치를 표시하기 위해서 놓는 동전이나 이와 유사한 표식을 말하기도 한다.

**Master eye** 주로 쓰는 눈 │ 경기를 할 때 주로 많이 쓰는 쪽의 눈을 말한다.

**Masters** 마스터즈 │ 1934년 어거스타 내셔널 토너먼트 초청 경기로 시작한 최초·최장수 토너먼트 경기. 로버트 존스의 제안으로 골프의 명수, 즉 master가 되자는 뜻에서 마스터즈라는 이름이 붙게 되었다. 1934년 제1회 대회에서는 호튼 스미스가 우승을, 크제이그 우드가 준우승을 차지했으며, 2회 대회에서는 장 사라센이, 3회는 다시 호튼 스미스, 4회에는 바이론 넬슨 등이 우승을 하면서 그야말로 세계 골프의 금자탑으로서 세계 골프 역사를 장식해 오고 있다. 이 대회 최다 우승은 잭 니클라우스가 기록한 5회(63·65·66·72·75년)이며, 미국인이 아닌 외국인 우승자로는 게리 플레이어(61·74·78

년), 시베리아도 발레스테로스(80년), 그리고 85년도 우승자인 버나드 랭거가 있다. 특히 이 대회는 우승자에게 우승컵 대신 그린 재킷을 주어 '그린 마스터즈'라고도 불린다.
**Match play** 매치 플레이 | 경기의 일종으로 홀 매치라고도 한다. 2인 또는 2조로 나뉘어 각 홀별 타수로 승패를 정한다.
**Medalist** 메달리스트 | 매치 플레이의 예선 경기는 스트로크 플레이에서 상위 16명으로 제한하는데, 그 수위에 있는 사람을 메달리스트라고 한다.
**Medium iron** 미디엄 아이언 | 4·5·6번 아이언. 러프나 숲 속, 또는 맨땅에서 탈출할 때, 또는 페어웨이의 패인 홈에 있는 볼을 칠 때도 미들 아이언을 사용한다. 안전하고 거리를 어느 정도 잘 낼 수 있는 편리한 골프채다.
**Mental hazard** 멘탈 해저드 | 아무리 해도 빠져나가기 힘든 심리적인 장애물을 말한다. 대부분 어려운 벙커나 수면 장애물에 오면 샷이 잘 되지 않는 지역.
**Moment of inertia** 모멘트 오브 이널티어 | 골프채의 경우에는 스윙을 했을 때 샤프트, 그립, 클럽의 헤드 3가지에서 관성 모멘트가 생긴다. 중요한 것은 헤드의 무게가 중심으로 작용하는 관성 모멘트인데, 헤드가 길죽하고 둥글수록 관성 모멘트가 커져서 잘 날리게 된다.
**Mulligan** 멀리건 | 최초의 샷이 잘못되어 벌타 없이 주어지는 세컨드 샷.

## N

**Natural grip** 내추럴 그립 | 야구 배트를 쥐듯이 쥐는 그립의 한 방법. 열 손가락으로 그립을 쥐기 때문에 일명 '베이스 볼 그립'이라고도 한다.
**Neck** 넥 | 클럽 헤드가 샤프트와 연결되는 부분.
**Net score** 네트 스코어 | 1라운드 총 타수에서 자기 핸디캡을 뺀 스트로크 수.
**Never up never in** 네버 업 네버 인 | 홀에 오지 않은 볼은 홀에 결코 들어가지 않는다는 뜻으로, 퍼트는 홀에 가고도 남도록 볼을 쳐야 한다는 말이다.
**Nineteenth 19th hole** 나인틴스 홀 | 골프장의 식당. 18홀을 끝낸 다음 한잔하는 장소를 말함.
**Nose** 노즈 | 골프채 헤드의 맨 앞.

## O

**OB** 오비 | Out of bounds(아웃 오브 바운즈)의 약자. 코스 밖 또는 안에서 플레이하는 것을 금지하고 있는 지역. 룰에서는 아웃 바운드로 표현한다. 볼이 OB로 날아가 빠졌을 때는 1벌타이고 전의 위치에서 다시 치게 된다. 다시 치는 타수는 제3타가 된다. OB 말뚝은 보통 흰 것으로 표시한다.
**On green** 온 그린 | 볼이 그린에 이르는 것.
**One on** 원 온 | 1타로 볼을 그린에 올려놓는 것.
**One piece swing** 원 피스 스윙 | 전체 기능이 일체화된 백 스윙.
**One putt** 원 퍼트 | 그린에 한 번 쳐서 퍼팅을 명중시키고 끝내는 것.
**One round** 원 라운드 | 코스를 한 바퀴 도는 것. 18홀을 플레이하는 것.

**Open championship** 오픈 챔피언십 | 각기 남녀별로 나뉘어 프로와 아마추어의 구별 없이 누구든 일정한 출전 자격이 있으면 참가할 수 있는 선수권 경기를 말한다.
**Open face** 오픈 페이스 | 클럽 페이스를 수직보다 조금 벌어진 기분으로 놓아 두는 것.
**Open game** 오픈 게임 | 아마추어와 프로가 라운드를 해서 기술을 겨루게 되는 경기.
**Open stance** 오픈 스탠스 | 기본적으로 3가지 스탠스 중 하나로 오른발을 왼발보다 조금 볼 쪽으로 내놓고 목표를 향해 취하는 발자세.
**Open tournament** 오픈 토너먼트 | 지역적으로 열리는 오픈 경기.
**Outside in** 아웃사이드 인 | 타구 시 클럽 헤드가 볼이 날아가는 선의 바깥쪽으로부터 안쪽으로 비스듬하게 들어가는 것.
**Over** 넘어가다 | 볼이 목표한 그린 또는 홀을 넘어서 멀리 떨어지는 것을 말한다. 또는 타수가 기준 타수보다 많을 때도 사용한다. 후자일 경우에는 몇 오버 파라고 한다.
**Over clubbing** 오버 클러빙 | 목표 거리에 날려 보낼 때 필요한 골프채보다도 약간 높은 번호의 골프채를 선택하는 것.
**Over spin** 오버 스핀 | 볼에 역회전을 주어 볼이 날아가는 방향으로 회전하게 하는 것. 볼의 중심부보다 조금 위를 치면 오버 스핀이 된다. 반대는 백 스핀.
**Over swing** 오버 스윙 | 스윙의 톱 동작에서 지나치게 클럽을 휘둘러 필요 이상 치켜드는 것.
**Overlapping grip** 오버래핑 그립 | 일반적으로 가장 많이 사용하는 그립 방법으로 오른손 새끼손가락을 왼손 집게손가락 위에 갈퀴와 같이 걸어잡는 방법을 말한다. 해리 바든(Harry Vardon)이 고안해 보급했다고 해서 '바든 그립(Bardon Grip)'이라고도 한다.

**PGA** 피지에이 | 프로골프협회(Pro Golf Association)의 약자.
**Palm grip** 팜 그립 | 샤프트를 손바닥으로 쥐는 것과 같이 양 손의 손바닥으로 쥐게 되는 그립. 내추럴 그립이라고도 한다.
**Par** 파 또는 기준 타수 | 티를 출발해 홀을 마치기까지의 정해진 기준 타수를 말한다. 이때 그린 위에서의 퍼팅은 2번으로 기준했다. 보통 3·4·5타를 기준 타수로 정하고 있으며, 여성 골퍼의 경우 6타의 홀까지 있다. 홀당 남녀별 정확한 거리 및 기준 타수를 보면 다음과 같다. 파3:(남)~250야드·(여)~210야드, 파4:(남)251~470야드·(여)211~400야드, 파5:(남)471야드 이상·(여)401~575야드, 파6:(여)576야드 이상
**Par break** 파 브레이크 | 버디 이상의 스코어를 내는 것.
**Partner** 파트너 또는 짝 | 포섬 경기에서 한 편이 되는 경기자. 현재는 동반 경기자라는 의미로도 쓰이고 있다.
**Penalty** 페널티 | 벌타 또는 벌칙. 규칙에 의해 부과된다.
**Penalty stroke** 페널티 스트로크 | 규칙 위반에 대해 타수로 벌을 주는 것.
**Pin** 핀 | 홀을 표시하기 위해 꽂는 깃대 또는 핀.
**Pitch** 피치 | 그린 근처 또는 그린으로부터 얼마 떨어져 있지 않은 지점으로부터 볼을

공중에 띄워 그린으로 쳐 보내는 것으로 어프로치 샷의 일종.

**Pitch and run** 피치앤런 | 볼이 낙하 뒤에 구르도록 치는 타법으로, 어프로치 샷의 일종이다.

**Pitch shot** 피치 샷 | 타면의 각도가 큰 숏 아이언으로 볼을 높이 날려서 그린이나 핀을 겨냥하는 것. 연못 넘기기, 벙커 넘기기에 잘 이용되는 샷이다.

**Pitching wedge** 피칭 웨지 | 피치 샷용으로 만들어진 웨지로, 로프트가 많고 무게도 가장 무겁다.

**Pivot** 피보트 | 허리의 회전 및 허리를 비트는 허리 틀기.

**Plateau green** 플레튜 그린 | 포대 그린. 포대 그린을 겨냥할 때는 부드러운 피치 샷으로 볼을 떠 올리든가 러닝으로 튀어 오르게 하는 방법이 있다. 어떤 방법으로 할지는 그린 주변의 상황에 따른다.

**Practice tee** 프랙티스 티 | 골퍼들이 백에 있는 모든 클럽을 가지고 샷 연습을 할 수 있는 연습 그라운드.

**Pronation** 프로네이션 | 임팩트 뒤 왼손이 젖혀지는 것. 잘못된 왼손의 내전은 왼쪽으로 꺾어 나가는 샷이나 더 심한 훅 볼이 난다.

**Provisional ball** 프로비저널 볼 | 볼이 분실되었거나 OB, 워터 해저드에 들어갔다고 생각될 때 플레이어가 그 위치에서 대신 치는 볼.

**Public course** 퍼블릭 코스 | 컨트리클럽이나 골프 코스처럼 회원제가 아니고 일반 대중에게도 개방된 코스. 골프 대중화에 있어서 가장 필연적으로 따라야 할 시설이기도 하다.

**Pull** 풀 | 바깥쪽에서 안쪽으로 스윙을 해 그 결과 볼이 왼쪽으로 날아가는 샷.

**Punch shot** 펀치 샷 | 손목을 잘 써서 치는 것을 펀치 샷이라고 한다. 약간 오른쪽으로 보낸 볼을 누르듯이 위로부터 골프채로 쳐 내리고 폴로 스루를 없애는 샷. 쳐 날린 볼은 낮게 튀어 나가고 땅에 떨어진 다음에 바로 멎는다. 아이언의 컨트롤 샷 때 잘 이용된다.

**Push shot** 푸시 샷 | 다운 블로로 볼이 낮게 뜨도록 치는 방법. 아이언에 의한 타법의 일종으로 역풍에 효과가 있다.

**Putt** 퍼트 | 그린 위에서 볼을 홀로 향해서 굴려 치는 플레이.

**Putter** 퍼터 | 퍼트용의 아이언 클럽. 그린 위에서 직접 핀을 쏘는 클럽으로 T·D·L형의 3종이 있다. L형 퍼트는 클럽 헤드의 모양이 L형인 것이고, D형은 주먹형, T형은 페이스의 방향을 정하기 쉽게 만든 것.

**Putting** 퍼팅 | 그린 위에서 볼을 홀에 넣기 위해 퍼터로 스트로크를 하는 것.

**Putting line** 퍼팅 라인 | 그린 위의 볼과 홀을 직선으로 이은 선으로, 퍼팅 시 공격선을 말함.

**Qualify** 퀄리파이 | 예선을 통과하는 것. 미국에서 말하는 커트 라인(cut line)과 같은 뜻이다.

**Quarter swing** 쿼터 스윙 | 백 스윙을 풀 스윙의 1/4 정도로 하는 것.

# R

**R & A** 알앤에이 | 영국골프협회(Royal and

Ancient golf club)의 약자.

**Range** 레인지 ㅣ 타석을 가지런히 해 놓고 치는 드라이빙 연습장.

**Recovery shot** 리커버리 샷 ㅣ 실책을 한 뒤 그것을 만회하기 위한 샷.

**Referee** 레프리 ㅣ 심판원. 골프에서는 원칙적으로 플레이어 자신이 심판원이다.

**Roll over** 롤 오버 ㅣ 볼을 친 뒤 클럽을 쥔 양 손을 앞으로 돌리는 것.

**Rough** 러프 ㅣ 그린 및 해저드를 제외한 코스 내의 페어웨이 이외의 부분. 풀이나 나무 등이 그대로 있는 지대.

**Round** 라운드 ㅣ 골프 코스는 클럽 하우스에서 시작해서 순환 형식으로 클럽 하우스로 돌아오는 형태로 되어 있기 때문에 골프 게임을 골프 라운드라고도 한다.

**Run** 런 ㅣ 볼이 굴러가는 것. 투 피스 볼은 고무 실로 말아서 만든 볼보다 땅에 떨어진 뒤에 굴러가는 거리가 멀다.

**Running approach** 러닝 어프로치 ㅣ 어프로치 샷의 한 방법으로, 비교적 로프트가 적은 아이언으로 볼을 멀리 구르게 해서 홀에 접근시키는 것.

# Ⓢ

**Sand** 샌드 ㅣ 샌드 그린, 샌드 트랩(벙커). 샌드 웨지 등 모래에 연유되는 말이 많다.

**Sand box** 샌드 박스 ㅣ 티잉 그라운드 옆에 흔적을 메우는 용도의 흙으로 모래 통이 준비되어 있다.

**Sand trap** 샌드 트랩 ㅣ 흔히 벙커라고 하는 샌드 해저드를 말한다.

**Sand wedge** 샌드 웨지 ㅣ 벙커 샷용으로 특별히 고안된 클럽. 로프트를 크게 하기 위해 낮은 각도의 클럽 페이스와 볼 아래에 있는 모래와 함께 클럽이 미끄러지도록 클럽 바닥에 플랜지를 가진 클럽.

**Save** 세이브 ㅣ 볼이 그린을 벗어나 벙커나 그린 옆의 러프 지역에 떨어졌기 때문에 파 플레이가 의심스러운 경기.

**Scoop** 스쿠프 ㅣ 아이언 클럽으로 볼을 높이 떠내듯이 쳐 올리는 것. 벙커에서 높은 그린으로 쳐 올리는 것.

**Scramble** 스크램블 ㅣ 스코틀랜드식 포섬 경기. 멤버 4명 전원이 티 샷을 하고 이 가운데 세컨드 샷이 가장 유리한 티 샷을 선택해 그 볼을 그 위치에서 다시 4명 전원이 세컨드 샷을 하고, 다시 서드 샷에 유리한 볼을 택해 다시 공격하는 방식.

**Scratch** 스크래치 ㅣ 상대편에게 핸디캡을 붙이지 않는 것 또는 핸디캡이 0인 것.

**Set up** 셋 업 ㅣ 어드레스와 같은 뜻. 볼을 치기 위해 자세를 잡는 것.

**Shaft** 샤프트 ㅣ 골프 클럽의 자루. 현재는 거의 스틸이나 합금의 샤프트이며 경도도 몇 개의 단계가 있다.

**Shank** 섕크 ㅣ 샷을 할 때 볼이 클럽 샤프트의 목 부분에 맞는 것으로 실패 타의 하나.

**Short game** 숏 게임 ㅣ 어프로치에 속한 단거리 플레이 방법. 6번 이하의 아이언 클럽 사용.

**Short hole** 숏 홀 ㅣ 거리가 짧은 250야드 이하, 즉 파3홀을 말함.

**Short iron** 숏 아이언 ㅣ 7·8·9번의 짧은 아이언 클럽의 총칭. Short(숏) 클럽으로 볼을 치는 것.

**Short approach** 숏 어프로치 ㅣ 가까운 거

리의 어프로치. 웨지나 샌드의 최대 비거리 이내의 거리로 힘 조절에 의한 테크닉이 필요한 경우.
**Side blow** 사이드 블로 | 볼 옆을 쳐서 튕겨 보내듯이 치는 것.
**Side bunker** 사이드 벙커 | 페어웨이 옆에 있는 벙커.
**Side spin** 사이드 스핀 | 볼이 옆으로 회전하는 것.
**Single** 싱글 | 경기에서 2인이 라운드하는 것, 또는 핸디캡이 9이하 1까지의 골퍼를 의미함.
**Skinsgame** 스킨스 게임 | 3~4명의 골퍼들이 경기를 해 가장 낮은 스코어를 기록한 플레이어가 이기게 되는 내기 경기.
**Slice** 슬라이스 | 오른손잡이 골퍼의 경우 볼이 오른쪽으로 스핀해서 전체적으로 비구선보다 오른쪽으로 휘는 볼.
**Slope** 슬로프 | 비탈진 곳.
**Snap** 스냅 | 볼을 친 순간에 손목에 힘을 세게 주어 탄력을 갖게 하는 것.
**Sole** 솔 | 클럽 헤드에서 지면에 닿는 부분.
**Spin** 스핀 | 볼을 날린 결과 볼에서 생기는 회전.
**Spoon** 스푼 | 3번 우드 클럽.
**Spot** 스폿 | 볼 뒤에 동전 등의 마크를 놓아 그린 위 볼의 위치를 표시하는 것.
**Spot putting** 스폿 퍼팅 | 퍼팅 그린의 불완전한 상태나 바탕색과 다른 빛깔을 식별해 퍼팅 선을 가늠한 다음 그 일정 지점을 퍼팅 공략에 이용하는 퍼팅.
**Square face** 스퀘어 페이스 | 어드레스했을 때 채의 타면이 비구선에 대해 직각이 되게 치는 페이스.

**Square stance** 스퀘어 스탠스 | 스탠스(자세)의 기본이 되는 3가지 가운데 하나로 양쪽의 발끝이 비구선과 평행이 되도록 발의 위치를 정하는 것.
**Stance** 스탠스 | 볼을 향해서 위치를 정하고 타구 자세를 취하는 것. 즉 발을 놓는 위치. 스퀘어·클로즈드·오픈의 3가지 기본 스탠스가 있다.
**Strong grip** 스트롱 그립 | 왼손을 깊이 쥐고, 오른손은 얕게 샤프트 밑으로부터 쥐는 그립.
**Sudden death** 서든 데스 | 메달 토너먼트나 2인 이상의 동점자가 나와 토너먼트를 치러야 할 때 채택하는 연장전의 한 방식.
**Sway** 스웨이 | 스윙할 때 몸 중심선을 좌우 또는 상하로 이동시키는 것.
**Sweep off** 스위프 오프 | 클럽 헤드의 원심력을 써서 쓸어 내듯이 볼을 치는 것.
**Sweet spot** 스윗 스폿 | 클럽 페이스에서 볼을 쳐야 하는 중심점.
**Swing balance** 스윙 밸런스 | 클럽이 좋고 나쁜 것은 이 밸런스의 좋고 나쁨에 관계가 있다. 밸런스의 좋고 나쁨은 클럽의 좋고 나쁨을 결정하는 요인이다.
**Swing plane** 스윙 플랜 | 스윙 시 클럽과 손과 팔, 그리고 엉덩이 등이 그리게 되는 궤적을 말하며, 이는 스윙 포물선과 함께 스윙을 좌우하는 중요한 열쇠이다.
**Swing through** 스윙 스루 | 클럽을 중도에 멈추지 않고 완전히 흔들어 치는 것.
**Swing weight** 스윙 웨이트 | 스윙할 때 느끼는 클럽 무게.
**square grip** 스퀘어 그립 | 왼쪽 손등, 오른쪽 손바닥이 비구선에 대해 거의 직각이 되

게 쥐는 방법.

# T

**Take away** 테이크 어웨이 | 백 스윙의 시작 부분.
**Take back** 테이크 백 | 클럽을 치켜드는 것. 백 스윙과 같다.
**Tap in** 탭 인 | 홀에서 불과 몇 인치밖에 떨어져 있지 않아 툭 건드려서 홀에 집어넣는 매우 짧은 거리의 퍼팅.
**Target line** 타깃 라인 | 목표로 향한 방향 또는 골프채의 타면 방향.
**Tee** 티 | 티잉 그라운드의 줄임말. 각 홀에서 1타를 치는 장소, 또는 볼을 놓는 자리를 말한다.
**Tee ground** 티 그라운드 | 각 홀의 제 1구를 치기 위해 설치된 지역.
**Tee mark** 티 마크 | 볼의 타격 지점을 표시하는 표식.
**Tee off** 티 오프 | 티에서 볼을 쳐 플레이하는 것.
**Tee shot** 티 샷 | 티에서 볼을 치는 것.
**Tee up** 티업 | 볼을 치기 위해 티 위에 볼을 올려놓는 것.
**Tempo** 템포 | 스윙의 빠르기, 페이스. 일반 아마추어는 백 스윙과 다운 스윙 모두 천천히 페이스하는 것이 좋다.
**Texas wedge** 텍사스 웨지 | 그린 밖에서 퍼터를 써서 어프로치하는 것.
**Three quarter shot** 쓰리 쿼터 샷 | 최대한의 샷이 채 안 되는 크기로 치는 것. 최대한의 샷은 그 스윙의 정상이 오른쪽 어깨보다 약간 위가 될 때를 말함.

**Threesomes** 쓰리섬 | 1인 대 2인의 매치 플레이로, 2명씩 짝을 지은 쪽은 9개의 볼을 번갈아 가며 친다. 대부분 상급자와 초보자가 한 조가 되고 중급자가 이에 대항해서 플레이한다.
**Tie** 타이 | 동점. 경기에서는 최소 타수의 사람이 2인 이상일 때.
**Toe** 토우 | 발끝. 클럽 헤드의 끝부분.
**Top** 톱 | 볼의 윗부분을 치는 것. 백 스윙의 정상, 헤드 업을 한 것.
**Top of swing** 톱 오브 스윙 | 백 스윙의 최정점이자 다운 스윙의 시발점이 되는 일련의 동작.
**Torque** 토크, 회전력 | 회전력, 비틀림 모멘트라고도 한다. 어떠한 길이의 막대기 끝에 회전시키려고 하는 방향으로 힘을 가했을 때 막대기에 걸리는 회전력을 말한다. 반지름 r인 원형 단면을 가지는 회전체가 축으로 받쳐져 있는 경우 원주의 접선 방향으로 힘 F가 작용하고 있다면 회전체는 r×F의 모멘트로 회전 운동을 한다. 이때 회전축의 모멘트가 토크다. 즉, 토크는 힘의 크기와 힘이 걸리는 점에서 회전 중심점까지의 길이의 곱으로 나타낸다.
**Trap** 트랩 | 벙커.
**Trouble shot** 트러블 샷 | 곤란한 타구. 치기 나쁜 러프에서 치는 것.
**Turn over** 턴 오버 | 클럽을 쥔 양 손을 왼쪽에서 오른쪽으로 돌릴 때.

# U

**U.S. Open** 전미 오픈 골프 선수권 | 전미 오픈 골프 선수권 경기.

**U.S.G.A** 미국 골프 협회 | 미국 골프 협회 (United State Golf Association)의 약자.

**Uncock** 언 콕크 | 스윙 시 굽게 한 손목을 펴서 원 상태로 돌아가게 하는 것.

**Uncoil** 언 코일 | 스윙에서 틀어 돌린 상체를 다시 원 상태로 푸는 것.

**Under clubbing** 언더 클러빙 | 필요로 하는 클럽보다 하위 클럽(짧은 클럽)을 사용하는 것.

**Under par** 언더 파 | 파보다 적은 타수.

**Undulation** 언듀레이션 | 코스의 높고 낮은 기복 상태를 말하는데, 변화가 업 앤 다운(up and down)보다 미묘하고 울퉁불퉁한 정도일 때만 쓰인다.

**Up hill lie** 업 힐 라이 | 비구선에 대해 오르막 언덕 비탈에서 볼이 멎는 것.

**Upright hill** 업라이트 힐 | 올라가는 비탈이 급경사인 곳.

**Upright swing** 업라이트 스윙 | 스윙이 활 모양으로 직립되어 있는 스윙.

**Upper blow** 어퍼 블로 | 드라이버로 치는 한 방법. 헤드가 스윙의 맨 밑 지점을 통과한 다음 타면의 각도가 위로 향하는 순간에 볼을 맞히는 타법.

**Upright** 업라이트 | 스윙에서는 수직적인 타법이고, 클럽의 경우는 샤프트의 축이 수직에 가까운 것을 말함.

### Ⓥ

**Vardon grip** 바든 그립 | 해리 바든에 의해 창안된 그립으로, 오버래핑 그립을 말함. V형 그립.

### Ⓦ

**Waggle** 웨글 | 클럽에 탄력을 붙이는 동작. 백 스윙을 시작하기 전에 손목만으로 가볍게 클럽을 흔들어 굳어 있는 부분을 부드럽게 하는 것.

**Water hazard** 워터 해저드 | 코스 내에 있는 호수, 연못, 습지, 강 따위의 물에 관계 있는 장애물을 말함.

**Wedge** 웨지 | 바닥이 넓고 평탄하게 되어 있는 아이언 클럽. 피칭 웨지, 샌드 웨지 등이 있다.

**Weak grip** 위크 그립 | 왼손으로 쥐는 모양이 얕고 오른손은 반대로 너무 깊게 쥐는 모양. 슬라이스 그립이라고도 함.

**Weight shift** 웨이트 쉬프트 | 스윙 동작에 있어 체중의 이동 상태를 말함.

**Whiff** 위프 | 클럽으로 볼을 가격하지 못하고 헛손질에 그치는 동작.

**Wind up** 와인드 업 | 백 스윙과 함께 몸을 비트는 것.

### Ⓨ

**Yardage post** 야디지 포스트 | 홀 번호. 홀까지의 거리. 1홀의 파 등을 써서 티잉 그라운드에 세워 놓은 표시판.

**Yardage rating** 야디지 레이팅 | 각 홀의 난이도. 흔히 코스 레이팅이라고 함.